人本获利时代

七大核心理念开启全新商业模式

[美] 戴尔·帕特里奇 / 著
沈维君 / 译

北京时代华文书局

图书在版编目（CIP）数据

人本获利时代 ： 七大核心理念开启全新商业模式 /
（美）戴尔·帕特里奇著 ； 沈维君译． -- 北京 ： 北京时代华文书局，2017.11
书名原文：People Over Profit
ISBN 978-7-5699-1890-8

Ⅰ．①人… Ⅱ．①戴… ②沈… Ⅲ．①企业管理－商业模式－研究 Ⅳ．①F272

中国版本图书馆 CIP 数据核字（2017）第 270183 号

人本获利时代：七大核心理念开启全新商业模式

RENBEN HUOLI SHIDAI:QI DA HEXIN LINIAN KAIQI QUANXIN SHANGYE MOSHI

著　　者 | （美）戴尔·帕特里奇
译　　者 | 沈维君

出 版 人 | 王训海
策划编辑 | 胡俊生
责任编辑 | 张彦翔
装帧设计 | 谢元明　王艾迪
责任印制 | 刘　银

出版发行 | 北京时代华文书局 http://www.bjsdsj.com.cn
北京市东城区安定门外大街 136 号皇城国际大厦 A 座 8 楼
邮编：100011　电话：010－64267955　64267677
印　　刷 | 固安县京平诚乾印刷有限公司　0316-6170166
（如发现印装质量问题，请与印刷厂联系调换）
开　　本 | 710mm×1000mm　1/16　印　　张 | 14　字　　数 | 161 千字
版　　次 | 2018 年 5 月第 1 版　印　　次 | 2018 年 5 月第 1 次印刷
书　　号 | ISBN 978-7-5699-1890-8
定　　价 | 45.00 元

推荐序

在现今不断改变的商业世界中，“重视人胜过利润”的概念或许是最知易行难的事了。不过，在正确的执行方式与正直的心态下——正如戴尔的所作所为——本书内容将带来难以置信的力量与驱动力。书中文章能激励员工、顾客与社群同心协力，不仅为了个人的事业与生活获取更多好处，也希望更多地尽一己之力。一旦上述情形真的发生，人们就可以改变世界。

不过，为了发挥真正的影响力，在所有企业与人的心中留下深远的作用，改变人们考虑的重点，不论这些企业是否出于善意，都必须停止光说不练，要切实将理想与点子付诸行动，坚持不懈，充满热情。我相信戴尔已经证明他有能力带领这场运动，而这一点也在他近来的创业成果中表露无遗。但是，“自觉资本主义”（conscious capitalism）的概念与其蕴含的民主精神，正在证明这个概念能发挥更大的作用。

戴尔夜以继日努力实现的愿景如此美丽与宏伟，而他在本书中撰写的内容，结合了一些力量强大且超越时间限制的企业精神（如质量、值得信赖与透明化），以及其他引发更深共鸣的基本要素。真诚、慷慨与勇气，只是今日商业界的流行术语，不能沦为口号。这些特质必须成为核心，借由热切相信这些理想的世人之手，为这个世界注入真诚、慷慨与勇气。

正如品牌“汤姆斯布鞋”（TOMS Shoes）一样，对此时此地我们所置身的时代来说，戴尔正在宣扬的理念十分珍贵。由于科技发展，许多旧有的商业规则不再适用，以每天、每周、每月的速度重新改写。令人惊奇的是，如今有无数的社会创业者往往避开这些规则不用。毕竟，他们是人，而他们的影响深远。

这是令人兴奋的时刻，如此真实，不再稍纵即逝，而只会在像戴尔·帕特里奇这样的人带领之下，越来越宏伟壮阔，越来越美好。

请把握当下时机。

布雷克·麦考斯基（Blake Mycoskie）

“汤姆斯布鞋”创始人

《纽约时报》畅销书《用一双鞋改变世界》

（Start Something That Matters）作者

在谎言横行的时代，
说真话遂成了革命之举。

——乔治·奥威尔（George Orwell）

《动物农庄》《一九八四》作者

前言

另一种光明正大的对抗力量

我在南加州找同一位内科医师看病已经超过十年了，但不知怎地，这次感觉不大一样。一走进候诊室，一股消毒气味与一片死寂迎面而来。我相当熟悉看病的流程，自动拿起写字板，用印有胆固醇药名的塑料笔写上我的名字。柜台的接待员并未抬头注意到我，因此，在好几次笨手笨脚地试图吸引她的目光未果之后，我便找了位置坐下。

像大多数诊所一样，这里没有太多东西可以吸引注意力。我不是盯着俗不可耐的壁纸发呆，就是匆匆翻阅2009年以细菌为封面的杂志。我思考着是要挤进污渍斑斑的布椅，还是跟十八位鼻塞与流鼻水的病人紧挨着坐在一起，结果我选择了后者。

翻完三本过期杂志之后，我看了看手表，发现已经超过我预约的四十五分钟看病时间。我焦虑地轻跺着脚，在座位上变换姿势。终于，有位护士从门里探出头来：“帕特里奇先生。”我起身随她走过走廊，她记下我的体重与体温之后，就把我留在一间阴暗寒冷的房间里。

我再度等待，只是这一次连《读者文摘》都没得看。终于，就在我的看诊时间已经超过一小时十二分钟之后，医生进来了。

“哈喽，帕特里奇先生，”他低头看着我的病历，连头都没抬，对我说，“我可以帮上什么忙？”

我很想说他倒是可以帮点儿忙，让我感觉自己其实很重要，但我没这么说，而是描述我那要命的胃灼热症状。

“哦，好，”他答道，“我会开给你……药（我想这药名开头应该是X）的处方笺。护士会好好照顾你。”

就这样，砰！他走了，顶多待了三分钟。

我收拾好自己的东西，领完药，穿越候诊室往外走，经过一群正准备经历同样处境的病人。那天在停车场，我坐进车子里，为自己的遭遇震惊不已。我很想回去诊所里大喊：“这里到底在搞什么鬼？”然后要求他们针对我刚刚遭受的漠视与侮辱、我的时间不受尊重，提出解释。幸好，我想到这么做的下场，可能得被一个重180公斤、罹患感冒的男人扭倒在地或遭到电击。于是我放弃了。

背叛的感觉

回想起来，那天我居然会生气，其实还蛮奇怪的，因为我经历同样的场景至少数十次，甚至可能几百次了。当时，我只不过是察觉到早就屡见不鲜的状况罢了。最近的研究指出，34位医师看诊次数超过300人次。那些医师在对病人说明病情与疗法等重要信息时，平均花费的时间是1.3分钟，而且大部分内容对病人来说都太过专业，难以理解。更糟的是，同一批医师认为自己花费的时间超过8分钟。而这不只是医师的错。几年前，公开上市的“健康维护组织”（HMOs）为了让股东开心，开始限制医师只能给予每位病患7分钟的看诊时间。这个组织其实是授权医师降低质量，只为了追求最大的利润。

不幸的是，这种现象不止出现在健保体系。过去几十年来，主流的企业与组织重视利润胜过他们服务的客户。从时尚、饮食、银行到广告，我们正面临资本主义最丑陋的一面。

· 商店架上摆满了农业生物科技公司的产品，这些公司为了增加效益，让我们的食物失去纯真的风味，无视此举对消费者的有害影响。

· 手机厂商与卫星电视公司强迫消费者签下一年以上的合约，设下陷阱，使消费者被迫接受低于平均标准的服务，一旦消费者打算转向更优质的竞争对手，就必须支付高昂的违约费。提供更好的产品与服务，显然是更可取的方式。

· 快餐业者为了增加效益而牺牲质量，他们开发出来的菜单充满化学添加物、防腐剂与动辄上千卡的热量，导致肥胖问题盛行。

· 当客户账户归零时，银行选择不通知客户或不阻止交易进行。相反的，他们却允许客户每天以复合式的“负交易”方式借钱，同时毫不留情地收取透支费用。2012年，全美消费者支付的透支费用高达320亿美元，比起2011年大幅增加了4亿美元。[1]

· 在保险公司，当以英语为主要语言的客户有客服需求时，便转接给国际外包客服支持团队，由英语不流利的代理人硬背机械式的脚本，期待一成不变的做法可以解决每位客户个别的问题。

· 信用卡公司每年花费数亿美元在正面营销活动上，向人们大肆宣传使用他们产品的好处，却以极小的字体掩盖各种压榨剥削的条款。为了让你相信他们的正直，只要你介绍朋友申请信用卡，他们就会提供小额现金给你。

一旦道德对上利益，
利益鲜少败阵。

——雪莉 · 奇泽姆（Shirley Chisholm）

美国首位非裔女性民主党总统提名候选人

在我们周遭，有数量可观的品牌曾经力挺正直与质量，如今纷纷蹑手蹑脚地踩过那层薄薄的道德疆界，却暗自期待他们的顾客不会察觉。他们纵容的成长策略、营销活动和顾客满意政策，不仅让人无法接受，而且完全虚伪不实。

对他们来说，不幸的是，顾客留意到他们的把戏了。这股企业趋势转变成一股“消费者信任”的流行风潮，不止一家产业巨擘因此倒闭。市场给了许多欺瞒成性的公司一项严峻的抉择：改变或灭亡。

希望正在萌芽

幸运的是，改变正在进行中，而且不止现有的组织力图改变。在这股向下沉沦的资本主义旋涡中，另一股光明正大的对抗力量逐渐兴起。对照资本主义，这股新势力不仅顾及健康，无须绑约；而且消费者将支付更多费用，换来更好的质量与更高的道德标准。他们在乎的不仅仅是利润，还包括顾客福祉及世界现况。世人将这股光明正大的新势力命名为“自觉资本主义”或“社会善意运动”（social good movement）。不论你怎么称呼，这股趋势正日渐受到市场欢迎。

根据2012年的全球市场调研，47％的消费者表示，他们每个月至少会购买一种支持慈善活动的品牌商品。纵观全局，这个数据意味着从

2010年开始增加了47%。此外，72%的消费者表示，他们会向别人推荐支持慈善活动的品牌，比2010年增加了38%。[2]

以潘内拉面包公司（Panera Bread Company）为例，这家三明治连锁专卖店已经在市区开了一些餐厅，顾客可以依照自己的经济能力，自行决定付费金额。这些“潘内拉关怀”（Panera Cares）餐厅已经证实此经营方式可以获利，而盈余则用来提供教育训练给遭遇困境的孩子。

而潘内拉并非唯一的例子。《财星》杂志500大企业正在招募人才，成立新的部门，致力于回馈与提升社会责任。诺斯壮百货公司（Nordstrom）、西南航空、连锁超市“老乔家的店”（Trader Joe's）等企业正在想方设法，试图兼顾社会影响力与坚实的商业实力。冰激凌品牌班与杰利（Ben and Jerry's）以拨出一定比例的利润作为慈善用途而闻名；全时超市（Whole Foods）对于支持当地社群许下强大的承诺，像这样的企业正在各地蓬勃发展。近年来，诸如“汤姆斯布鞋”、瓦比帕克（Warby Parker）眼镜公司之流的新创企业，以革命性的“买一捐一”模式在市场上一鸣惊人。也就是说，顾客每买一双“汤姆斯布鞋”或一副瓦比帕克眼镜，他们就会捐出一双鞋或一副眼镜给有需要的人。

几年前，我开始留意资本主义较为黑暗与充斥谎言的一面，跟社会善意运动的光明力量有所抵触。于是，当时便决定宣告我即将开创新公司“Sevenly”。

我一个人无法改变世界，
但我可以朝水里投掷石子，
激起涟漪。

——特里萨修女（Mother Teresa）

亲自承担风险

2011年2月，我和朋友艾伦聊起这些聚焦于社会行善的新兴商业模式。他是社交媒体市场的先驱，脸书专页有超过两百万名粉丝。我们真的可能创立一家公司，达到“双底线”（double bottom line）的目标，兼顾盈利与社会影响力吗？这个想法看似很好，但我们不知道该从何着手。

首先，艾伦和我并非仅仅针对特定的单一目标满腔热忱，我们都看到世上有许多亟待解决的问题。其次，我们都明白自己并非受到地方的召唤，不是特别为了非洲、印度或美国城市的贫民区而努力，但我们确实受到那些为各地奉献的人的召唤。

我们开始进行研究，发现全美有160万家慈善组织，其中每天有700家结束运营。[3]这些慈善组织失败的主因在于缺少资金与能见度。他们有大把的热忱，但需要协助才能创造盈余，引起话题风潮。一时间，艾伦和我在脑海中只想得到四家慈善组织。当我们询问朋友与家人时，发现他们也有同样的问题。

要是我们每周与不同的慈善组织合作，协助他们募款并增加能见度呢？要是我们创造一家秉持社会善意的电子商务公司，每隔七天就与一家新的慈善组织合作呢？要是我们生产品质优良的商品（包括衣服、艺术和珠宝），在每卖出一件商品之后，便捐出七块钱给当周的慈善组织呢？

就在那一瞬间，我们的公司Sevenly诞生了。

我们第一次举办活动是与“国际正义使命团”（International Justice Mission）合作，为了对抗南亚的人口交易而募集资金，提高议题能见度。我们与“瑞斯的彩虹”（Reece's Rainbow）基金会搭档，为俄罗斯的唐氏症儿童寻找领养家庭而努力。我们与“慷慨水源”（Generosity Water）齐心协力，一起在海地筹建水井，提供干净的饮水。我们与“自闭症发声”（Autism Speaks）基金会合作，资助语言治疗，为言语表达有障碍的孩子找回自己的声音。如今，Sevenly拥有卓越超群的团队，创造了上百万美元的盈余，一次又一次捐出7美元给全世界的慈善组织，捐款总额累计下来，已经超过400万美元。

在与Sevenly团队一起工作的过程中，我获益良多；而一路观察其他参与这股光明新势力的企业，也让我大有斩获。我相信，这些全新的商业模式描绘出未来——不仅是你我想要的未来，也是所有人必须了解的未来。我相信，我们可以透过在市场上对特定信念与实践许下承诺，买到更好的商品，发挥更好的领导力，过更好的生活。我们可以携手打造比想象中更美好的世界。

目　录

第一篇

我们陷入的循环

经济学家告诉我们，组织就像人和天气一样，随着季节运作。大部分组织刚开始时规模都很小，充满热忱。接着表现最好的组织日渐茁壮，且逐渐改变，而许多组织将会消失。

社会学家威廉·施特劳斯（William Strauss）与奈尔·郝威（Neil Howe）在他们的著作《第四度转向》（*The Fourth Turning*）中主张，即使是美国“最优秀的革新人士”，都倾向线性思考。正如所有历史的演变，我们的文化依照循环发展，或者说是按照“时代性的趋势”周而复始地轮回。隐藏在表面下的是潜在的弊病或看不见的节奏，背后操纵的力量显而易见，但前提是有人愿意好好洞察一切。[1]

那么，要是我们眼前这股光明势力，其实并非新趋势呢？要是这股势力其实与资本主义一样历史悠久呢？

正如马克·吐温所言：“美国人老爱把一切都当成新鲜事，这种习惯比世上任何事物都历史悠久。”[2]

创立Sevenly之后，我开始思索：“我们做的这些事，真的是创新之举吗？一家真正关心人、渴望改变世界的公司，真是领先未来的概念吗？”答案为否，绝对不是。

那么，为什么随着时间流逝，成千上万的企业偏离了他们的核心价值？我不禁感到困惑，为什么这么多公司会在效益与贪婪的祭坛上，牺牲了正直与原则？此外，我寻思何以只有特定少数几家企业历经数十年不变，能够保有他们对自身的认同感与正直，没有一丝妥协。他们做了什么别人没做的事？究竟是什么赋予了他们力量，能够避免落入体系的旋涡中？

我过去不曾据我观察到的趋势，提出更深刻的问题，因为就像许多商业领导人与企业家一样，我是习惯解决问题的人。当我发现问题，第一个直觉通常是加以修正。你问我太太就知道了，每次我们起争执，我的反应通常会渐渐激起她的怒火。她想要讨论更深层的议题，而我只想找到快捷方式解决问题。

虽然解决问题的冲动在本质上是好的，但我常提醒自己不要太过执着于解决问题，漫无节制。人类擅长分析，我们的大脑生来就是会自然而然地思考这些事。但是，为了真正带来改变，在了解如何修正之前，我们必须先学会思考为什么。当我看着美国史上最有名的企业历经的组织历史时，我发现了一项迷人的事实："可恶"的企业并不总是这么坏。即使是媒体上名列全美年度最令人痛恨的公司，刚开始创立时也不是现在这副模样。

为了证明我所言不虚，请看下面的公司名称列表，在每间公司旁边标示出你的好坏评价。

针对企业投票：

好	或	坏
□	全时超市	□
□	福特汽车	□
□	美国银行	□
□	苹果	□
□	AT&T	□

这个测验有趣的地方在于，大部分人认定的坏公司，其实早期在该产业都是数一数二的好公司，兼顾质量与顾客服务。而人们如今认定的好公司，通常都是才成立不久，或是近年来致力于修补公共形象，改善内部流程。到头来，一家公司的观感好坏，往往取决于人们在哪个时间点评价这家公司。

或许，最好的例子是快餐业龙头麦当劳。20世纪50年代中期，创办人雷·克洛克（Ray Kroc）在美国芝加哥开设了他的第一间餐厅。当时，公司的格言是“质量、服务、卫生与价值”，顾客与员工备受重视，即使上菜的速度很快，但餐点使用天然食材，每个人心中牢记质量的重要性。难怪这家企业会成长得如此迅速。但是，随着时间流逝，效益开始凌驾于质量与服务之上。此时所谓的“质量”，指的是卖出多少汉堡，再也不是多少汉堡以良好的服务售出。近年来，这家产业巨擘屡屡面临法律诉讼，对抗大众公愤——从汉堡肉到鸡块的制作过程，人们对麦当劳所有产品的质量都感到不满。

如今，麦当劳在股市的差劲表现早已众所周知。有些人会说，麦当劳过去闻名于世的成功法则已经光环不再，世人只知道麦当劳以毫无营养价值的低成本食物快速出餐。但这也告诉我们，社会大众的观感不会永远这么恶劣。

如果一家企业够幸运，存活得够久（或许经历两三个时代），就有可能从一家大众眼中的好公司转变成坏公司，然后再变回好公司。麦当劳只是众多例子的其中之一。

我调查研究20世纪美国各大领先企业之后，发现几个世纪以来，美国不断陷入同样的循环里。在资本主义这种庞大的机械体制背后，存在着一种组织行为的模式，从诚实、效益、欺骗到忏悔，仿佛四季般循环重复。这个循环导致企业从“重视人胜过利润”的时期，过渡到“重视利润胜过人”的阶段，然后再从头轮回一遍。在每一个时期，某些价值会转变。这些价值不只推动企业运营，改变企业，更会一举扭转市场态势。

如果从长远的历史角度来检视大部分美国企业，你会发现这个循环以一种众所瞩目的方式戏剧性地存在。以下列举一些例子。

诚实时期

1903年6月16日，亨利·福特一手创立了福特汽车公司。在还没有工会的时期，劳工每周平均工作80到90小时，福特领先全球各大企业，首开创举，提供每周工作40小时、员工健康计划与安全保障等福利。1922年，当时的总裁是亨利的儿子艾德塞尔·福特（Edsel Ford），他解释道：“每个人每周都需要一天以上的时间休息、玩乐……福特汽车一直致力于对员工宣扬理想家庭生活。我们相信，为了好好生活，每个人都应该拥有更多时间陪伴家人。”【3】

效益时期

1955年，福特汽车公司以大规模生产与管理流程闻名，称为“福特主义”（Fordism）。当时他们仍然重视员工和顾客，但关切的焦点已经开始转移到更大产量与效益。20世纪中期，福特高生产力的作业流程，为雷鸟（Thunderbird）跑车与随后推出的野马（Mustang）跑车铺好成功之路。从碧蓝的东海岸大西洋到金光闪耀的西海岸太平洋，这两款跑车称霸全美，名列五大汽车之二。

欺骗时期

20世纪70年代，福特似乎抛弃了许多创立时期的价值。1971年，福特推出如今声名狼藉的斑马车（Pinto），这款小型房车的油箱设计出现了致命的瑕疵，导致后方一遭受撞击就会起火爆炸。这款房车名列《时代》杂志“史上五十部最糟糕车款”之一，起因除了容易爆炸之外，还有那份臭名昭著的“福特斑马车备忘录”。福特内部的执行团队估算出，加强后车厢的保护需花费成本1.21亿美元，而受害者的赔偿金估计则需支出5000万美元。即使面临多次死亡车祸，福特依然选择较便宜的方案，决定为因此衍生的诉讼案支付和解金，而非修改汽车设计。[4]

忏悔时期

20世纪90年代，福特坦承内部问题损害了社会大众的观感。他们开始致力于提升标准，此举将可提高顾客满意度与汽车品质。2009年，政府提供紧急财政援助给许多美国汽车制造商时，福特高层说：“谢谢，但不必了。”他们反而发表一系列全国广告，凸显自身决心，推拒紧急财政援助，致力于挽回消费者信任的形象。

在这一百多年间，大多数福特高层与市场观察者都未能察觉，其实福特汽车历经了四大组织行为的循环阶段。他们在不知不觉中，从备受赞誉的草创时期，迈入数十年的效益与贪婪时期，朝灭亡之路前进。如今则处于赎罪时期，试图回归根本。

像福特及大多数的企业，都在起起伏伏之间遵循上述模式。对大部分企业与商业领导人来说，注意力都放在解决眼前的问题，而非停下来检视自己正从哪个时期被推往哪个时期。我们就像一位医术拙劣的医生，只治疗症状，并未诊断出病因。因此，且让我们暂停，稍微审视一下现况。让我们学会辨认每个时期的实际样貌，如此一来，便能诊断出此刻自己位于哪个时期，为什么我们在那个时期，以及我们该做哪些改变，才能打造出真心期盼的组织与市场。

第1章

诚实时期：深受价值打动

请想象有家公司以此闻名：每次结账势必得经历令人难以忍受的大排长龙，顾客服务恶劣。他们支付给员工极低的薪水，许多人甚至被迫仰赖政府提供的医疗补助与食物券维生。然后，请设想这家公司的总裁每小时的薪资，比大部分员工的年薪还高。想象一下，这家公司经营不善，店面人力不足，架上的商品来自国外工厂，而且通常雇用工资过低的劳工在不人道的工作环境下制造这些商品。更糟的是，他们打算开设新分店时，往往会瞄准乡村小区，一旦成功进驻，就会运用掠夺性定价，将当地的小型商家驱逐出局。这是美国最令人厌恶的公司之一。

你会跟这样的公司做生意吗？

不，当然不会。

事实上，你和其他两亿四千五百万名消费者每个礼拜都在这么做。

不过，沃尔玛一开始并不是这样的公司。

1918年，山姆·沃尔顿（Sam Walton）出生于美国俄克拉荷马州金菲舍（Kingfisher）。他是地方银行业者的长子，是最高级别的鹰级童子军，热衷狩猎，在高中的橄榄球队担任四分卫，可说是典型的“望族子弟”。1962年，沃尔顿在阿肯色州罗杰斯市催生了第一家沃尔玛超市。他的愿景是，在全国各地的乡下小地方，成立大型折扣零售商店，数量越多越好。他是位强势的领导者，更是大家眼中正直的人。沃尔顿在创立这家企业之时，以三大基本信念为基础：尊重个人，服务顾客，追求卓越。而让一切根基稳固的关键，在于他承诺“行事正直”。[1]

山姆创造工作机会，支付给员工高于业界标准的薪资，因而声名远播。他要求员工达到五星级的顾客满意度，鼓励沃尔玛“伙伴”以笑容迎接顾客，并且永远要直视顾客双眼。那些为了让顾客开心而最努力工作的伙伴，便有望获得无止境的晋升机会。

这个计划奏效了，三十年后，沃尔玛的股票市值高达450亿美元，《富比士》更将山姆·沃尔顿列为全美首富。即使在20世纪90年代初的经济萧条时期，这家公司依然生意兴隆，销售量增加了40%以上。[2]

正如我们许多人所见，沃尔玛目前的状况完全偏离了创办人的初衷。因此，我们学到一个更深刻的课题：世上没有一家公司创立时是出于恶意，就连我们最痛恨的公司也不例外。问题在于，这些公司何以沦落到今天的处境?

我们刚开始都纯真无邪

一家公司刚创立的时候，像极了人类的婴儿，脸蛋粉嫩，纯真无邪，几乎是为了他人的利益而存在。想一想你所知道的新创企业，提炼出这些企业共同的特色：员工都相当振奋；拥有清楚的任务与愿景，通常是着眼于解决问题或创造更好的体制、产品；当然，还有重视每一位顾客。

世上没有任何企业是出于居心不良而创立的，因为他们承担不起。他们必须说服消费者，这家企业值得花费时间与金钱。当你还没有任何知名度，若社会大众认定你不道德、冷漠无情或虚伪不实，对你将会是致命的打击。因此，你的重点是勤于追求顾客忠诚度，而你的任务则是创造令人难以置信且难以忘怀的体验。

当一家公司正处于诚实时期，意味着此时该公司的组织核心为使命、品质与正直。领导高层不但热衷于改善顾客的生活，更致力于改善员工的生活。他们带来密集的革新，从营销、客户服务到商业模式，甚至供应链，均在改革范围之内。他们把焦点放在重要的事情上——员工、顾客与品牌。他们从各方面推动团队合作，即使是最微不足道的胜利，都视为迈向更美好世界的征兆，并开心地庆祝。

近来，有些网络公司崛起于声名狼藉的加州硅谷，我们可以从中看到这些迹象。成千上万的创业者正开创一家家公司，从商业、贸易与资本主义等整体面向重新定义“正直”。

以爱彼迎（Airbnb）为例，这家公司让顾客得以在各国租下当地住处，到处为家，因而在旅馆业崭露头角。最棒的是，他们提供全年无休的顾客支持与服务，在线随时有真人接电话。加上不可思议的员工福利，如每年提供每位员工2000美元的旅游资金、可以选择带狗来上班的工作环境、免费的有机午餐，以及几乎二十四小时开放的免费健身课程。这家公司成立不过几年时间，就在市场上建立了丰功伟业，年度营业额即将达到10亿美元，一个晚上租出去的房间超过一千两百万到一千五百万间。[3]

诚实时期，是人凌驾于利益之上的阶段。

诚实时期这种完美的模式自然超越众人期待，赢得顾客与员工的心。历史证明，所有可持续经营的生意都源于追求高尚品格、高质量与高顾客忠诚度。正因如此，诚实时期是人凌驾于利益之上的阶段。

因为具备崇高的特色，这些公司自然得以成功。我们都渴望跟值得信赖且积极活跃的杰出企业做生意。而我们上门光顾的结果是，让这些公司渴望提高品牌忠诚度，越来越有吸引力。当企业处于诚实时期，意味着人人都是赢家。整体经济强健，顾客开心，企业获利。

但正如我们从历史学得的教训，这些组织会继续茁壮成长。一旦公司壮大，内部流程就会调整，经营风格也随之改变。举例来说，当沃尔玛一心追求成长，过程中便失去了某些东西。一旦连锁商店想要服务偏乡小区的居民，最后往往难免损害到附近小型商家的生意。不论在哪里，只要有新的沃尔玛超市开张，原本经营已久的当地商店就会被迫关门大吉。为了维持低价，沃尔玛购买更多国外制造的商品，而这也意味着降低对人道工作环境的要求。曾经以慷慨大方闻名的沃尔顿，后来选择尽量减少雇用员工，从此不再支付员工应得的薪资。

1992年，沃尔顿过世后，顾客开始认清这家零售业巨擘的新手段，社会大众渐渐对沃尔玛萌生敌意。2000年初，沃尔玛成为全美最令人厌恶的公司之一。【4】

到头来，低价策略却换来高额代价。

历史证明，当企业日渐茁壮的时候，为了适应成长，通常会开始进行一些细微的改变，以至于偏离原本的轨道。这些组织着眼的焦点，由诚实与质量转移到效益与数量。这些企业虽尚未成为海德先生（《化身博士》里主角双重人格中的邪恶角色），但已经踏上转变之路，从高尚的出发点迈向他们原本从未打算抵达的地方。

第2章

效益时期：一心只想追求更多

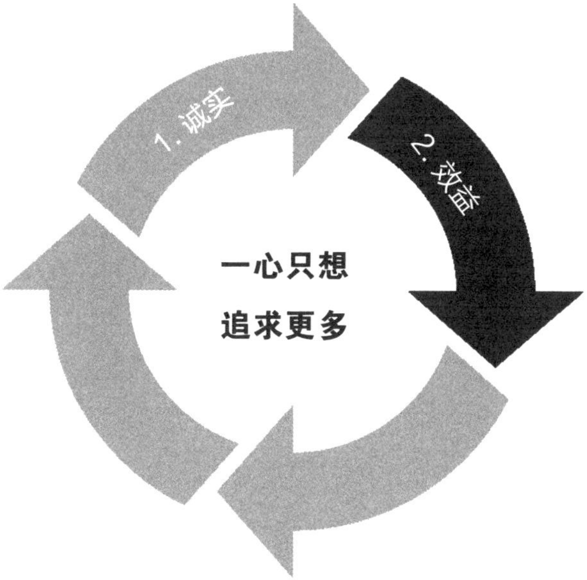

1935年，约翰·泰森（John Tyson）秉持谦逊的初衷，在美国阿肯色州斯普林代尔市（Springdale）成立了一家鸡肉加工制造公司。他以可靠与质量为基础，建立其事业版图，并扩展至美国中西部几大州。接下来的几十年间，这家公司在他手上日益成长茁壮，完成从原料到成品的垂直整合过程，让他在业界名利双收。

1967年，为了迎合热爱鸡肉的美国人日益高涨的需求，泰森食品公司（Tyson Foods）全心投入增加生产力与提高效益，致力于扩张生意版图。他们大量并购竞争对手，扩展至牛肉与猪肉市场，在提供低成本鸡块给麦当劳等快餐连锁业者时，确保签下有利可图的合约。

此外，为了迎合公司快速成长的需求，泰森率先采用如今备受争议的工厂化农场经营管理。公司开始实施一些措施，例如，为了让鸡挤进更紧密的空间，替鸡施打抗生素与生长激素，让它们更快变肥，以便早点上市贩卖。

他们以控制灯光的方式，加速动物自然的换毛过程。为了增加放牧的效率，他们将牲畜从牧场移到有限的空间，甚至改变屠宰流程，以节省时间。

在这些改变发生期间，泰森食品公司彻底改弦易辙。公司网站上关于历史沿革的页面正说明了这种转变：20世纪60年代的标题是“人就是我们公司的核心”；到了20世纪70年代，变成“为每个人提供便利的鸡肉”。[1]

几年后，他们成为《财星》杂志500大企业之一，从此“泰森”这个词就与“家禽”画上了等号。

但是，泰森食品公司沉溺于追求更多——更多鸡肉，更多顾客，更多利润——也因此彻底改变了创办人原本谦逊的愿景。

尽管如此，约翰·泰森的妥协很容易就得到原谅。毕竟在他生活的年代，一味追求成长的企图心正大行其道。

通往衰退之路

大多数人都崇尚效率，从小父母便不断给我们灌输这个观念。他们告诫我们要善用时间，要小心避免游手好闲、拖延正事。我们不应该在离开房间时，任由灯亮着。如果不这么做，就是浪费精力与金钱。哦，金钱，这也是另一种必须有效运用的东西，从小大人就一再对我们耳提面命。

正如帕特·蓝奇欧尼（Pat Lencioni）的看法：“父母、老师或教练对他们负责教养的孩子，灌输各种符合效益的原则，虽然我很难跟他们争辩这么做的动机，不过，眼下在我们面临的时代，尤其是特定的情况下，那些原则会捅出娄子来。”[2]

他说对了。

从小深植在我们脑海中的观念，经过职场的孕育，最后会产生无法遏止的渴望，一心只想追求快速、便宜与效率。我们想方设法减少亏损、增加收入，而这些措施通常包括简化系统、采购更便宜的原料，以及裁减我们认定的冗员，确保留下来的员工受到完善的督促，达到更高的效率。

所有优良企业都必须具备某种程度的效率，这可以作为一种手段，有助于达到崇高的目标。但是，一旦效率成为目标，就再也不是通往目的的途径，而是变成目的本身，这样问题就出现了。

至于他们沉溺于追求更多的下场如何，举例来说，泰森食品公司没多久就因为员工待遇的议题与工会杠上，在20世纪末引发了一连串纷争。

借着与鸡肉供货商签约，泰森的农场经营者得以保留某种程度的自由。但供货商提供家禽，却只获得薄酬。2001年，泰森遭到起诉，因为他们非法走私没有工作证的劳工进入美国，领取微薄薪资，在肉品加工厂工作。[3]

泰森也成为绿色环保团体批评的目标，他们指责泰森食品公司一心只想着追求更多，罔顾安全问题与环保措施。

泰森充满效率的体系，如今导致他们成为众矢之的，世人谴责他们在各种场合虐待动物。而他们以电牛棒虐打动物，把动物关在拥挤的狭小空间里，也被录成影片，病毒式传播出去。

举例来说，2011年，美国人道协会（Humane Society of the United States）揭露一家养猪场虐待小猪，甚至把这些弱小的动物当做足球踢，而这正是泰森公司的相关企业。[4]刚开始，泰森公司宣称与这间养猪场“毫无关系”，但随后却在新闻稿中改口。

每年美国生产的鸡肉

（以每公吨为单位）

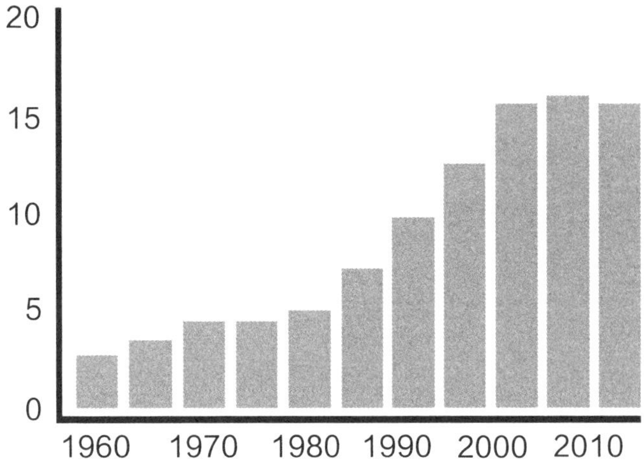

美国农业部国外农业服务部

（U.S. Department of Agriculture Foreign Agricultural Service）

食品产业是最好的例子。比起畜牧业，食品产业规模更庞大。几个世纪前，大约80%的人口在田里工作，为100%的人口提供食物。然而，随着农业从家族事业转变成大型企业经营，我们发明了新科技，只需极少的人力就可以大量生产。于是，我们一举跃升到现今的情况：今天，总人口中大约有1.5%的人为100%的人种植食物。【5】

随着时间改变的农作

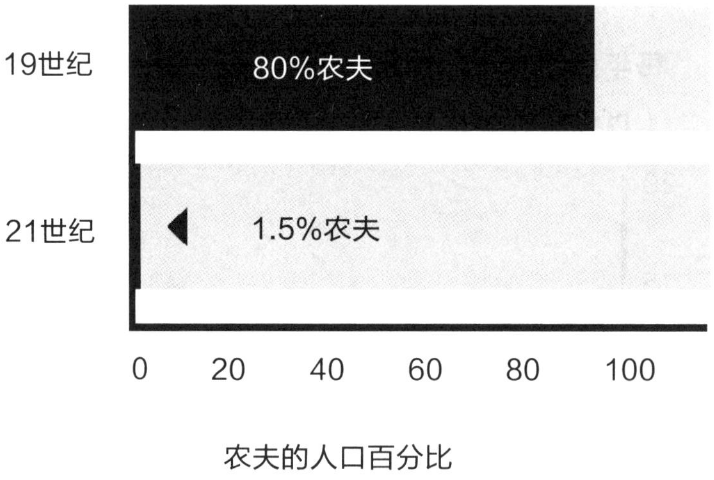

为了达到这种水平的效益，势必得有所妥协。首先，必须研发新的化学制品，好让农作物收成更大。再者，食物经过基因改造之后，便可用分量更少的食物喂饱更多人。而使用抗生素则让更多动物可以挤进更小的空间，却无生病之虞。在饲料中加入生长激素，好让动物在更短的时间内快速增肥。

这是人与利润并重的时期，进入这个阶段的企业试图兼顾两者，尽管最终有一方永远都会落败。

我并非刻意要把矛头指向食品业。我们不妨探讨一下另一家更年轻、更时髦的企业，也就是公共形象更为正面的Google（谷歌）。这家互联网公司成立于1998年，立志追求卓越、革新与创意；对于如何一次用一个关键词搜寻来改变世界，拥有清晰的愿景。他们重视顾客的体验，在首页排除广告的干扰，而他们的竞争对手却群起拥抱广告。

对外重视质量的表现，也同时出现在内部。Google首创的员工补贴，让《富比士》将这家公司誉为世上最棒的工作地点。Google最著名且让人起而效尤的补贴政策，是他们的“20%时间”：每周员工都可以用一整天的时间，投入工作范围以外的计划。这项政策成为孕育创新的温床，催生出Gmail与AdSense，成效斐然。你几乎可以感受到一家位于诚实时期的公司充满活力的脉动，不是吗？

但是，近年来，Google日渐成长，变得更企业化，感受到来自竞争对手的威胁（如苹果），开始有提高效益与产量的压力。结果，Google的高层做了什么决定？你猜。20%时间，拜拜。[6]这项决策看似无关紧要，但我觉得相当关键。我预测Google未来若不是会重拾这项政策，就是会流失大量人才，渐渐失去创意，而这正是最初让他们成为产业龙头的关键。

虽然像Google或泰森食品这样的公司，在追求更多的同时，必须对自己所做的妥协负责，但我们不能一味地怪罪他们。这些公司之所以会迈入效益时期，通常是源自消费者渴望以低廉的价格换来惊人的便利。正如我们所见，这种组织性的妥协，起因往往是为了满足消费者的需求。

这是人与利润并重的时期，进入这个阶段的企业试图兼顾两者，尽管最终有一方永远都会落败。然而，从外界的角度来看，很少有人会怀疑哪里出了问题。如果你只用销售报表来衡量成败，你甚至还可能误认为此时公司前所未有地健全。公司不仅对本业越来越精通熟练，整体运营良好，而且从各方面扩展事业。随着商品的数量增加，服务获得提升，成本却降低，顾客心满意足，甚至开心。此时此刻，没有人知道这个体系会如何无以为继，进而夭折。

历史教导我们，没完没了地追求效益与扩张，将会带来财务上的成功，但最终下场往往是企业分不清“更大”与“更好”的区别。

正如《为什么A+巨人也会倒下》（*How the Mighty Fall: And Why Some Companies Never Give In*）作者吉姆·柯林斯（JimCollins）所写。

即使你做得到，
不代表你就应该这么做。
或者，即使这么做很聪明，
不代表这么做是对的。

——《人本获利时代》

一头栽入不符合企业本身经济效益或财力的商业活动，是任性妄为。一心只想着扩大规模，是任性妄为。只顾着追逐令人兴奋的崭新探险，却忽略核心事业，是任性妄为。把企业当做通往个人胜利的踏脚石，为了谋求更多财富、更多名气、更多权力，却牺牲了企业长期的成功，是任性妄为。在追求成长与扩张之际妥协，放弃自己的价值，或无视自己的核心目的，是任性妄为。[7]

终究，我相信柯林斯想说的是，偏离诚实时期的正轨，是任性妄为。那些受到贪念诱惑的人必须明白，即使你做得到，不代表你就应该这么做；即使这么做很聪明，也不代表这么做是对的。与其着迷于新的成长策略与增加营收的方案，不如重新对自己的使命许下承诺。进入这个时期的企业，必须谨守分寸。

毕竟，扼杀质量的元凶并非效率；而是妄想一步登天，结果只能靠放弃自己的价值与使命，才能达到目标。追求更多的渴望，其本身并不邪恶，却往往是踏上魔道的开始。

第3章

欺骗时期：因贪婪而毁灭

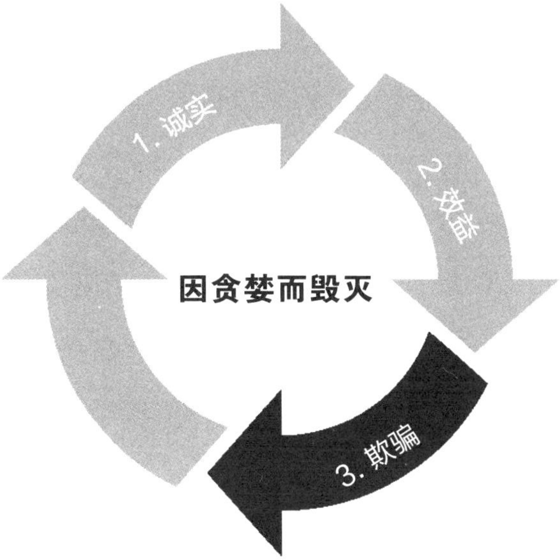

回顾20世纪90年代末期，当时美国尚未发生经济大衰退，尽管征兆随处可见，却无人事先预知。美国的经济正蓬勃发展，失业率低，消费者似乎心满意足。但是，不幸正暗自酝酿。

贪婪的银行家贷款给没有还款能力的人，因而出现越来越多不良贷款的案例。在市场垮台之前，2000年到2007年之间，估计有3兆2千亿美元的贷款提供给“信用不良且没有正式收入的购房族群”。[1]

银行通过这些贷款的申请，不仅有助于抬高房价，而且从2008年开始，导致法拍屋如浪潮般涌入市场。这些金融业者的短期利润持续增加，殊不知他们正在自掘坟墓。由于金融业欠缺正直，因此衍生出那些名噪一时的头条新闻，指出经济大衰退的起因源自“大欺骗”。

同时，那些位居经济食物链顶端的人只顾中饱私囊，并未按照比例将利润分给为其效力的部门和员工。1965年，许多美国大企业的总裁，收入大约是员工平均薪资的20倍。1989年，这个数据攀升至近59倍，1994年则到了199倍。到了20世纪尾声，这些总裁的收入已经接近员工平均薪资的411倍。[2]

不过，欺骗时期不仅是我们经济史中的一个阶段，也是许多公司会经历的时期。当这些公司执着于追求效益，就会驱策他们朝短视近利的目标迈进，一心只把焦点放在组织的存活上。诸如误导世人的广告、不成比例的薪资水平、难以支撑的工作量，以及欠缺企业责任等欺骗的伎俩，形成第一片“积雨云”，最终发展成毁灭性的“暴风雨”。

对比员工平均薪资的总裁收入

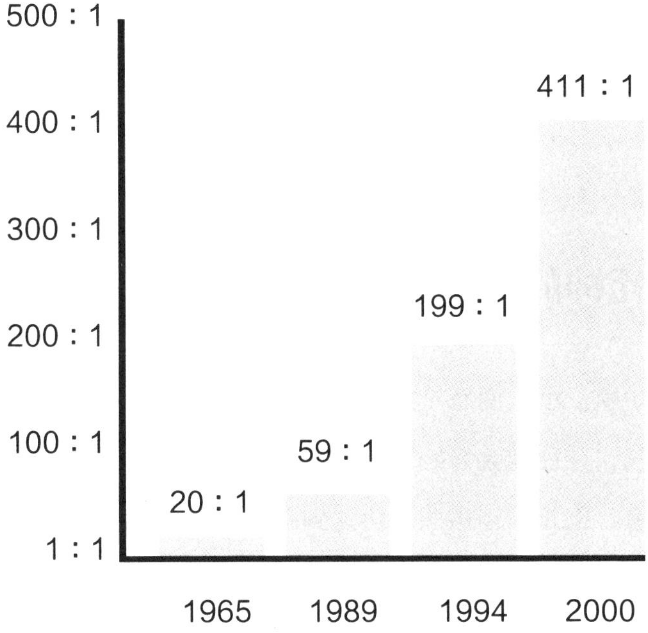

为了维持这些市场趋势，企业必须做出更多妥协，抛下品质与声誉不顾。20世纪90年代，企业渐渐转向海外劳工，对时兴起用童工与薪资低廉的工厂敞开大门。个人化的顾客服务不再重要，自动化选单与跨国电话客服中心起而代之，而在那些客服中心里，接线生努力在服务客户时克服语言障碍。以极小字体印刷不平等条款、不实广告，都成了营销的标准附属品。

美国的汽车产业制造的产品无法与国外品牌匹敌。制药公司在研发时草率行事，还没有做好万全准备之前便仓促推出新药。农产品公司推出基因改造食品，以对消费者有害的化学药剂增加产量。

既然有这场结构完整的暴风雨席卷整个市场，可想而知，美国会经历这场史上最大的经济衰退，不是吗?

敲敲死神的门

我们都知道，世上没有一家公司创立时是出于恶意；我们也知道，一旦公司成长，往往就会开始有所妥协，以追求成长的名义，放弃自己的价值与愿景。但是，当这些妥协达到临界点时，又会发生什么事?当利润的重要性超越了公司所服务的顾客与为公司效命的员工，会发生什么事?当每季的财务报表成为一家公司评估成败的终极指标时，会发生什么事?

当一家企业的生命周期来到欺骗时期，就代表其使命与愿景的重要性已经式微，不过是公司历史的一个脚注而已。在这个时期，最初创建公司时立下的价值沦为口号，无法真正实践。盈亏成了远方地平线的一个点，公司紧盯着不放，而且不论是谁，只要挡路，全都格杀勿论。这是谎言盛行的时期，这是扭曲事实的时期，这是利润凌驾于人之上的时期。

这些企业受到昙花一现的财务成功的蒙蔽，于是开始大开杀戒。在企业文化里，开始有一股否认现实的风气悄悄蔓延开来。通过推理分析，让公司低迷的士气一扫而空；信息受到审查，甚至假造信息；高层封杀唱反调的人。此时的公关部门大力宣扬正面消息，通过巧辩淡化负面信息；而且，只要违反了他们期望大众相信的说法，不论是什么事，他们都选择忽视。[3]

过去曾经忠诚的消费者，到了欺骗时期，将会开始省悟。他们对于低质量、高价位渐渐感到不满，且在不知不觉间，已不再信任这家公司。虽然他们通常还是会光顾这些公司，至少在新选择出现前不会变心，但是一股不安悄悄侵袭整个市场。此时对于改变的需求，已不再是轻轻敲门的警讯，而是直接踢开大门，火烧眉毛了。

欺骗导致衰退

历史证明，一旦许多企业全都进入欺骗时期，往往会导致经济衰退。从1880年到2010年，美国经历了二十八次经济衰退。换算成量化指标，即连续两季的国内生产毛额（GDP）下降，失业率提高1.5%。有些经济衰退持续好几个月，有些甚至长达数年。不过，在这些经济衰退中，有多少是自作自受，并非无法控制的全球化变因所引起的呢?

不久前，我针对这个问题做了一些研究。在梳理数据之际，我将美国资本主义的特定模式，以及资本主义造成经济衰退的独特效应区隔开来。我的目标在于检视哪些经济衰退是因为美国人的决定、市场和趋势而造成的。此外，我们也希望借由经济衰退前后的消费者信任指数，比较这些变因。我大量研究陈年广告、企业的沟通模式、商业文章、书籍、YouTube影片、纪录片、白皮书，以及针对消费心理变量的调查，并进行一对一的个人访谈。我所做的一切，都是为了了解在这些特定时期，消费主义与资本主义之间的关系。

最后，我的结论是，美国历史上这段时期的经济衰退中，有三次是自作自受。而且，肇因都是处于欺骗时期的企业数量高达临界点。

1893年经济大恐慌

这次经济衰退持续了整整一年零五个月，失业率高峰是18.4%。【4】起因是各家铁路公司多年来过度扩张，而全美的整体经济扩张速度缓慢。由于负债累累与不计后果的管理方式，使得费城雷丁铁路公司（Philadelphia and Reading Railroad）不得不宣布破产，最终引发经济衰退，导致银行挤兑与经济恐慌。超过一万五千家公司倒闭，五百家银行关门大吉。【5】

无法吸取过往教训的人，
注定重蹈覆辙。

——乔治・桑塔耶那（George Santayana）

20世纪著名哲学家、小说家

经济大萧条

这次的经济衰退从1929年开始，持续了三年零七个月，失业率高峰是24.9%。[6]起因是20世纪20年代，有段时期投机买卖猖獗，结果以超乎想象的大规模股市崩盘而告终。从臭名昭著的“黑色星期二”开始，在短短两天内，股市瞬间蒸发掉四分之一以上的股价。当金融机构应声而倒，未投保的银行存款立刻让一般民众陷入危机。美国的经济生产量下跌50%，几乎每个已发展国家的经济均受到波及，引发的连锁效应影响长达十年。

经济大衰退

这次经济衰退从2008年开始，持续了一年零六个月，失业率高峰是10.2%。[7]正如前述，这次的起因是高风险的贷款政策、大规模的信用泡沫化以及不道德的商业手法横扫整个市场。在我执笔的此刻，仍然感受得到这段时期的影响。

名称	年代	持续时间	失业率
1893年经济大恐慌	1893	一年五个月	18.4%
经济大萧条	1929	三年七个月	24.9%
经济大衰退	2008	一年六个月	10.2%

这三次经济衰退显然十分相似，最初都出现令人印象深刻的经济成长与高度的消费者信任。然而，依个别情况不同，在灾难降临前两到五年的时间不等，消费者的信任指数就会开始持续下降。你几乎感觉得到经济结构正在瓦解。经历过经济衰退之后，一旦大众深切体会到哪些企业重视利润胜过于人，信赖感就会直线下降。此时，社会大众充分了解贪念、违反道德的程序与不实广告。

不过，消费者信任不会就此落入黑洞，或者永远被愤世嫉俗所取代。一旦社会大众与秉持诚实、质量与正直的公司之间建立了新的忠诚关系，消费者信任就会再度出现。随着一连串处于诚实时期的新创公司进入市场，过去一度赢得消费者忠诚度的成熟品牌，为了竞争，则被迫展开大规模的重建信任行动。

你不需要回顾20世纪90年代末期，就能了解欺骗时期。你可以一探20世纪20年代、19世纪90年代，或者当任何公司进入贪婪当道的生命周期时，都可以从中看出端倪。不论这些公司何时进入欺骗时期，他们都将面临抉择：改变或灭亡。

第4章

忏悔时期：力行改革

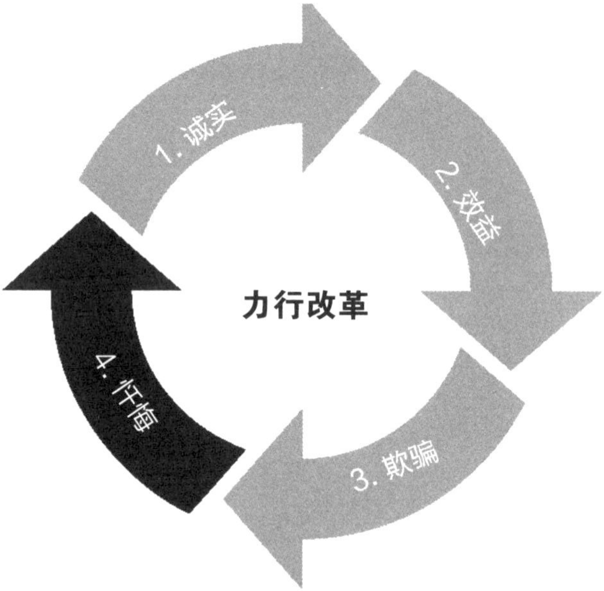

没有人喜欢难吃的比萨。

当你用纸巾包着油腻腻的比萨，而且饼皮嚼起来就跟橡胶一样，嘴里仿佛有只在牧场弹跳的母牛，大概很少有什么事情比这更让人想破口大骂的了。不过，这正是达美乐比萨的顾客在21世纪早期的实际体验。“酱料尝起来就像西红柿酱。”一位味觉测试员如此评论。另一位的评价则是：“对我来说，达美乐的比萨饼皮就像硬纸板。”达美乐比萨坦承，他们常听到这种评价。[1]

这家比萨连锁店及其推出的旗舰商品，并非打从一开始就让顾客感到厌烦，兴趣缺乏。20世纪60年代，两位兄弟携手创立这家店。当时他们承诺的初衷是，提供高质量的比萨与“免费快速送到府”服务。直到1985年以前，达美乐都还是全美成长最快的比萨公司，分店遍布全世界。[2]但是，当他们肆意扩张，1997年在美国境外开设了一千五百家分店，“甚至一天之内在五大洲有七家分店同步开张”，他们便已经迷失了。[3]

达美乐的比萨质量之糟糕，在消费者之间可说是臭名远扬，而他们的顾客服务也并未让任何人惊艳。截至2009年，在纽约证券市场上，达美乐的股价以危险的幅度下跌，他们势必得有所作为，才能对抗负面品牌权益所造成的影响。管理层面对令人畏缩的抉择关卡——究竟是要延续目前的做法，还是要改变经营方式？结果，他们鼓起勇气选择后者。

“有一天，我们突然醒悟，除非改良比萨，否则根本没办法继续经营下去。”其中一位高层说道。[4]

达美乐致力于重新研发核心食谱，梳理五十种不同的香料配方与十五种酱料。他们试吃“许多”种干酪混合的口味，而且用的是真正的干酪，并非过去惯常使用的油品衍生物（oil derivatives）。他们在全国媒体广告活动中选择诚实以对，坦承自己的比萨毫无质量，向顾客道歉，并公布他们对于改善质量付出哪些努力。[5]

这家比萨界的巨擘甚至承诺将提供最大程度的透明化，包括“发誓会在广告中呈现实际的产品，而非由专业的食物艺术家美化过的改良版产品”。[6]他们设立网站，所有顾客都可以在上面发表真实的照片，而这些照片将会当作营销素材。

借由坦然认错，重拾诚实、公开透明、质量与顾客服务等企业初衷，达美乐比萨终于起死回生。2014年，股价攀升至新高点。

达美乐比萨股价

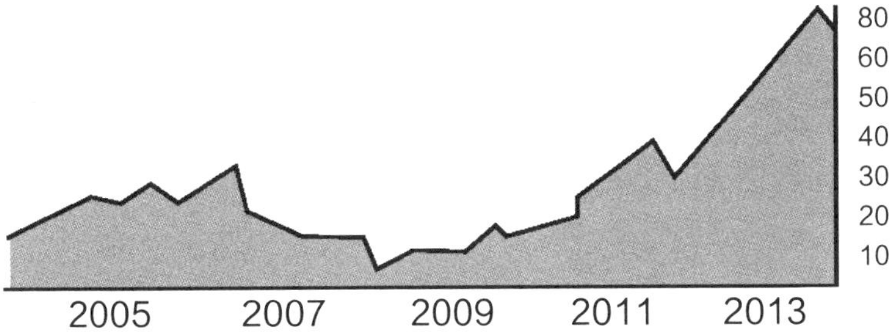

在发表这个全新开始之际，一位比萨连锁店的主管表示："这是创举，这是与众不同，这是崭新的达美乐，这是全新纪元的开始。"[7]

这位主管此时还不知道，她的这番话有多么正确。这家公司创始时秉持诚实精神，因一心追求更多而得以成长，然后选择欺骗，最后在不知不觉中迈入公司历史上的全新纪元。

达美乐，欢迎来到忏悔时期。你并不孤单。

成为过去的你

一旦欺骗成为企业的主流文化，无形的时钟就会开始倒计时。顾客忍无可忍，怒气终于到了爆发的边缘。他们开始变心，转而光顾其他行事更稳重的企业。在这个时刻，决策高层必须决定，是否要为自己的误入歧途而道歉，重拾创立时期立下的标准。有些企业选择不这么做，下场往往是破产。但是，许多企业选择这么做，是因为他们心知肚明，唯有严格履行承诺，改善经营方式，才能重新赢回消费者的信任，并且得以生存。

不妨想象以下情境：一位已婚男士或女士被逮到外遇。如果希望有一丝复合的可能，犯错的一方必须道歉，而且往后的生活都必须加强责任感与坦诚开放的心态，一切作为都得让人无可指责。否则，复合的机会渺茫。而一旦企业欺骗、背叛顾客，他们之间的关系也是如此。如果企业不尽快修复彼此的关系，这桩市场婚姻将会就此画上句点。

忏悔时期的重点正是复旧如新。恢复信心，恢复信任，恢复健全，恢复信念。重拾希望、使命、质量与责任感。这个时期的重点是恢复透明化与同理心。

处于这个阶段的公司深表歉意，努力改过自新，重振旗鼓。他们痛改前非，从内到外改善一切。他们撤换掉有缺失的领导人，取而代之的人选不会放弃公司道德观。员工士气大振，他们重拾希望，认为自己正在为一家用心关怀的公司付出时间与努力。

消费者依然在小心观望，毕竟他们已经热切盼望太多次了。但是，他们也渴望接受诚实的自白，以及明确的改善效果。“我很抱歉”这句话，听起来十分悦耳，令人心满意足。消费者仿佛思乡般想念用心关怀的公司，因此，只要道歉得体，就有助于弥补伤害。

除了达美乐，我们或许还可探讨通用汽车的案例，以了解这个时期的运作方式。2008年，公司高层开始坦白认错。他们承认自己“背叛”了顾客的信任，“令人失望”。[8]在这一连串的忏悔中，包括制造出“低于产业标准”的汽车、太多品牌与经销商、偏爱耗油的货车与休旅车，以及“乏味”的设计。

除了公开声明，通用汽车同时推出威力强大的商业广告，认错的旁白充满真诚的忏悔之情：

> 让我们彻底坦白。没有公司愿意经历这种处境。但此刻，我们不是目睹美国汽车的灭亡。我们正在见证美国汽车的重生。为了更强大，通用汽车必须卷土重来。过去，八种不同的品牌各具意义，如今，辉煌不再；过去，我们的成本结构具备全球竞争力，如今，辉煌不再。唯有重新创造，我们才能恢复往日辉煌。而我们终将解决一切问题。[9]

2010年，丰田汽车（Toyota）因为追求效益而推出刹车故障的危险汽车之后，也发表了类似的广告：“这几天，我们的公司并未达到你们期望的标准，也不符合我们对自己的期望。因此，十七万两千位丰田汽车暨经销商的员工，此时正贡献心力，希望把事情做对。”丰田汽车为了“让你对本公司恢复信心”，决定停止生产，以便改正错误。[10]

美国航空是另一个例子，尽管无可否认，这个例子不是那么贴切。就像许多竞争对手一样，美国航空一直都历尽艰辛，努力提供质量良好的飞行体验与令人满意的顾客服务。直到最近，一项合并案为美国航空提供机会，指向全新的道路。在推出一批全面翻新的飞机上场服务之前，他们重新评估自己的程序与流程。美国航空重新设计菜单，加强座椅舒适度，增加前方的踏脚空间，飞机装设Wi-Fi，每一架飞机都附有座位内建的娱乐系统。

这家公司承诺，将成为“全新的美国航空”，并做出如下声明：“我们已经改变外在空间，如今的外观反映出我们内部改变的过程。”[11]这些公司会彻底进入忏悔时期吗？他们会改变重心，从重视利润转而在乎人吗？唯有时间能告诉我们答案了。无论如何，他们都充分呈现出一旦企业开始改弦易辙、回归诚实时期，企业的生命周期会出现怎样的趋势。他们的努力无法保证能重回巅峰，甚至不能确保是否还会留在场内角逐。这只代表他们给自己一个奋斗的机会。

正如吉姆·柯林斯所言：“真正的出类拔萃，指的并非一切顺遂、毫无困难，而是有能力东山再起。出类拔萃的公司会失足，也会重新振作，只要他们愿意在艰难的时期，做出困难的决定，进行困难的事。”[12]

但是，现在我必须承认。虽然你或许一直没有察觉，但当我们探究资本主义行为的循环时，其实有个明显的问题，大家却都视若无睹：企业运营不必局限在这个循环里。老字号企业可以回到诚实时期，然后一直停留在那个时期。而新兴企业也可以从诚实时期起步，然后再也不离开那个时期。

身为年纪没那么大的企业创办人，我此刻的处境就是，我们依然位于诚实时期。我可以看见前进的诱惑，正诱使我从头到尾经历整个循环。我看见，在我们成长的同时，我们也在妥协，放弃自己的价值。

因此，我决定试着了解，Sevenly与其他相似的企业如何避免这种情况。我们可以避开拖垮其他许多公司的牵引光束吗？我不知道，但我决心找到答案。在这一路上，我发现如何打破这个循环系统，甚至在创下非凡成就的同时，活出有意义的目标。

第二篇

七大核心理念

全时超市、REI服饰、快餐连锁餐厅福来鸡（Chick-fil-A）、户外运动品牌巴塔哥尼亚（Patagonia）、汉堡连锁店（In-N-Out）。

这些品牌有哪些共通点？每个品牌即使历史悠久，但都致力于留在诚实时期，或至少不曾落入欺骗时期。

几年前，我决定研究这类公司，分析他们成功的关键。我记下人力资源管理措施、道德与责任标准、营销语言与顾客忠诚度。然后，有一天，我翻开琳恩·理查（Lyn Richards）所写的《处理质性数据》（*Handling Qualitative Data*）（没错，我就是那种书呆子）。她在研究的过程中，不仅打算深入了解人类行为，还包括这种行为背后的动机。她调查了发生的原因与方式，而非只停留在发生了什么事、发生的地点与时间。

于是，我回顾过去调查的企业，然后更深入挖掘。究竟是什么样的动机，驱使他们铁了心坚守愿景，看起来对妥协完全无动于衷？是什么样的信念，让他们选择以这样的方式做生意？

在研究过数十个打破此循环的领导者与企业组织之后，我发现他们几乎都具备以下七大核心理念：

1. 人最重要。

2. 真相必胜。

3. 透明化带来自由。

4. 忠于自我将赢得人心。

5. 品质会说话。

6. 慷慨付出必有回报。

7. 勇气带来可持续经营。

我研究的大部分企业都沉迷于这些句子。这些句子不会出现在企业手册里，也不会雕刻在铜牌上，挂在企业总部门口。但是，这些观念无时无刻不在。从营销素材、员工评鉴到顾客服务的承诺，所有事务都受到这些观念推动。完美的企业是种迷思。任何企业都不可能时时刻刻行事正直，尤其是大型企业。不过，一旦这些理念凝聚起来，形成掌舵的方针，就连最庞大的企业都能保持正确的航线，不断前进。

乍看之下，这些理念似乎毫无创意。它们很简单，简直是太过简单了。这些理念让人联想到父母教导孩子的价值观，而非《哈佛商业评论》对顶尖企业的描述。不过，正如我深思后的结果，我已经了解人类自盘古开天以来始终竭尽全力实现这些美德。一切努力，都是为了不说谎，为了不操弄、不欺骗，为了不报复那些伤害你的人。然而，我想，这些观念力量强大的秘诀正在于简单。这些理念是人类的普世道德，几乎就像摩西十诫一样简单，就连最固执的员工或顾客都能轻松领会。在商业历史上，最成功的领导人与企业都以这些理念为基础，创下一番事业。

不过，这些经过时间考验的理念，却违反主流文化与人性直觉。这些理念就像砂纸一样，往往与基本的商业趋势背道而驰，产生摩擦。经过更进一步的审视，这些理念创新的程度，与它们简单的程度相当。虽然这些理念奠基于古老智慧，却能赋予你力量，让你在商场上与人生中开疆辟土。

如果六岁孩童
听不懂你的说明，
那代表你自己
根本就还不了解。

——阿尔伯特·爱因斯坦（Albert Einstein）

第5章

人最重要

成立一家公司时，对经营团队来说，最困难却也是最重要的事情之一，便是创造宗旨。虽然不过短短几个字，未来却会成为你的标语、你号召的口号，甚至是你攻城略地时，插在地上象征占领的旗帜。公司的宗旨塑造了顾客对你的第一印象，他们因此了解你为什么存在。我们在2011年创业时，Sevenly的成立团队明白这项任务有多重要，因此我们商议了好几个礼拜，最后定案的版本是简洁有力的声明：“行善。”

这个词似乎可以表达我们公司打算实践的目标，而且让我们最早期的客户产生共鸣。几个月后，我们将这个词纳入公司的组织架构中。我们在网站上发表，印在公司名片上，收录在我们的影片中，并印在对外售卖的衣服商标上。

我们当时完全没想到，Sevenly的第一个宗旨在这世上并未存活太久。

一年后，我在位于加州科斯塔梅沙（Costa Mesa）的Sevenly总部附近，和一位同行的朋友共进午餐，他跟我一样经营一家公司。我们在“塔可庇护所”（Taco Asylum）餐厅，一边大啖香辣的墨西哥菜，一边随意闲聊自己的公司与目前正在进行的计划。隔天，他传了一封e-mail给我，说他认为我们的宗旨创造的市场与他的公司雷同，容易混淆。我不认同他的评估，但一想到可能因此落入法律纠纷，我不得不寻思：“这个宗旨值得我们奋力一搏吗？”答案是不值得。

我们的团队从头来过。这一次，我们提出的问题比之前更深刻。我们开始探索Sevenly的“为什么哲学”：

· 我们为什么创立这家公司？

· 我们为什么对自己的任务充满热忱？

· 我们为什么把钱捐给慈善机构，不留给自己？

你让别人对他们自己产生
什么样的感受，
正说明你的为人如何。

——《人本获利时代》

每一道问题都促使我们回到共同的答案：因为我们相信人最重要。我们的事业就像错综复杂的公路系统，只不过每条路都源自同一个出发点：对于那些使我们公司得以存在的人，我们深信每一个人都十分珍贵。

到头来，“行善”原来是如此薄弱的宗旨，经不起考验。这个宗旨只回答了我们公司想做的事，却没提到我们为什么要这么做。此外，“行善”轻而易举，但落实“人最重要”的宗旨却难上加难。我们不只要厘清自己的任务，而且还要重新评估运营方式的各个面向。

后来，我的研究发现，有些公司受到同样的信念驱动，打破了组织行为的破坏性循环。就像杰德·克莱彼得（Jed Clampett）发现有“黑金”之称的石油，我们的团队也无意间发现，所有竭尽全力留在诚实时期的公司，都拥有共通的基本信念。

由人组成，而非零件

当一家公司想要落实“人最重要”的理念时，最大的障碍在于“视野”。市场是看不见人的。在市场眼中，只有一片片拼图，只有潜在购买者。市场只看得见许多零和金钱符号，看得见信用卡刷过机器，看得见盈亏。市场并非天生就会区分哪些人属于忠诚的顾客，哪些人不是；

唯有他们掏出钱来购买商品，才得以被市场看见。市场不会留意一位在仓库工作的员工是否接受良好的对待，或是遭到降职，市场只看得见他们是否有生产力。

因此，公司必须经过一番努力，才能以开阔的视野经营事业。秉持这种信念经营的公司，会思考每个与公司有关的人得到什么样的对待，进而落实高标准。当你说一家公司相信人的重要性，便意味着这家公司秉持以下信念：

· 人极其珍贵。

· 每个人的价值都一样，没有谁胜过谁。

· 每个人都有资格接受公平待遇，获得尊重。

· 企业应该对每个与公司有关的人保持同理心。

一家公司是由人组成的。没有人，就没有公司。贬低组成公司的人，就像政府漠视公民一样。虽然这么做依然能经营下去，但持续不了多久。为此，“重视人”的企业会把焦点放在三种利害关系人身上。

1. 团队成员

如果员工士气低落，公司运营也会跟着衰退。那些与你共事的人是工作过度、疲倦不已，还是感到兴奋、奋发向上？他们的薪资偏低，还是拥有合理的薪资条件？公司鼓励他们从不同的角度思考，胸怀大志，还是一一检查每份任务列表，规定他们打卡上下班？他们随时知道公司前进的方向，还是只局限于必须知道的基本事项？他们感觉自己只是大机器里的小螺丝钉，还是觉得自己是不可或缺的伙伴，共同追求伟大的使命？这些问题的答案，将揭露一家公司是否相信他们的团队成员非常重要。

凭借这种信念为生的企业，会与所有层级的团队保持高度的沟通。他们鼓励员工做自己，在工作上发挥天赋与热情。公司提供团队成员发展、成长与晋升的通道，团队成员不会被复杂或毫无意义的规定与政策压得喘不过气。那些为“重视人”的企业效力的员工，往往对自己的公司引以为傲。他们身上的衣服、手中的咖啡杯都印有公司商标，而且他们会向朋友炫耀自己在哪里工作。如果公司重视团队成员，团队成员就会知道自己举足轻重。

你想看看重视员工的公司吗？眼前就有个最好的例子：克力夫能量棒（Clif Bar）营养食品公司。这家公司成立于1992年，以高质量的自然食材创造出美味的享受，如今旗下拥有三百名员工，全都对自己的公司赞不绝口。几年前，克力夫能量棒公司搬到新址，那里有四座完全开放的花园；一整排脚踏车开放出借，随时可骑去跑腿；还有一个健身中心，附设攀岩墙、一间瑜伽教室、两间按摩室，还有五位个人健身教练与营养学家提供免费咨询；员工每周有2.5小时带薪的运动时间。

克力夫能量棒公司的福利不止这些。每位员工都能得到350美元的津贴，可用来参加赛跑等竞赛；每年另有1000美元作为具有环保意识的家居翻修费用。公司每周提供全体员工一餐免费早点，并现场朗诵一封粉丝来信。公司有七种弹性工作的方案，员工可以自由选择，安排属于自己的独特行程表；在公司服务满七年之后，便会有六到八周的公休假。还有，如果你热爱你的黄金猎犬，别担心，公司也提供对狗友善的办公环境。[1]

你觉得克力夫能量棒公司的团队成员知道自己很重要吗?

正是如此。

2. 顾客

如果没有人愿意掏钱购买你正在制造的产品，你不妨开始递履历求职。顾客支付我们的薪水，就这么简单。然而，太多公司对待顾客的态度，仿佛顾客只不过是获利的指标。万一老主顾不满意，这些公司可能就会放任顾客离去，而非努力满足顾客的需求或改正过错。到后来，经营公司的方式甚至变成顾客是为了服务公司而存在，而非相反状况。

相较之下，“重视人”的公司会努力让顾客感到自己很特别，而且备受重视。他们不会单单只告诉顾客，他们想要这笔生意，而是付出努力，设法留下这笔生意。秉持这种信念经营的公司，不只很有眼力，看得见人，而且听力也很好。顾客一有抱怨，便立刻严阵以待，秉持着同理心与怜悯之情处理客户投诉。而当顾客感到满意，就会采取必要措施，确保顾客一直满意下去。虽然用快捷的方式做事可以增加利润，但这些企业拒绝做任何占顾客便宜、有损信任的事。事实上，他们的行事超出应有的水平，好提醒顾客他们有多感激、重视顾客。

一提及有质量的顾客服务时，我们通常不会联想到航空公司。但是，在这个产业，西南航空公司一直是开创的先驱。众所周知，他们不仅票价低廉，而且空服人员竭尽全力让旅客在航程中感到愉快，甚至表演喜剧。此外，他们不向顾客收取行李托运费，如果顾客需要更改航班，他们也不会额外收取罚款，很少有航空公司这么做。

西南航空“重视人胜过利润”的承诺，具体体现在最近一起事件中。当时他们尽心尽力协助一名旅客从洛杉矶飞往丹佛，这位男士正准备前往科罗拉多州见三岁的孙子最后一面。小男孩遭到妈妈男友的殴打，陷入昏迷，那天晚上将要撤除维生系统。旅客的太太致电西南航空，订下最后一分钟的促销票，并说明他们令人难过的处境。但是，洛杉矶的交通与在洛杉矶国际机场等候安检的队伍，却一如往常耗时，因此这位男士超过预订起飞时间十二分钟后才抵达登机门。他一到现场，却惊讶地发现机长正在等他。

“他们没有我，哪里也去不了；而我没有你，哪里也不去。”机长说，“现在，放轻松。我们会送你抵达目的地。还有，我想再次向你表达我的遗憾。”【2】

这位机长明白，人最重要。在他眼中，这位男士不只是一名乘客，更是一个人。跟他一样，是一个有血有肉、有情感的人，而且这个人此刻还有一颗伤痛的心。

连锁超市“老乔家的店”是另一个好例子，充分表现出一家公司如何重视顾客。最近，一位曾参加第二次世界大战的八十九岁退伍军人，受困冰雪中，家里的存粮所剩无几。他的女儿打电话给附近几家超市，询问能不能提供快递服务。其中，只有“老乔家的店”表示有这项服务。然而，他们其实并没有这项服务，但他们愿意对这位老先生伸出援手。后来，食物送到之后，他们并未向老先生收取任何快递费，而且连食物都免费赠送。【3】

要是这间“老乔家的店”分店经理只考虑获利，他就会拒绝对方，回头努力销售高汤罐头。但是因为他认同企业宗旨，明白他的商店之所以存在，是为了服务、协助人们，让人们受惠，于是答应对方的请求。

这些事迹不仅仅是温馨感人的故事，更呈现出形形色色的公司——

这些公司允许员工为了好好服务顾客，打破惯例，给予通融。机长选择重视人胜过利润，超市经理也做了同样的选择。而他们之所以这么做，是因为他们明白自己所处的企业跟他们一样重视顾客。

3. 供货商

企业最可能关注顾客与员工的需求和渴望，因为他们与企业本身密切相关。但是，供货商却往往遭到忽视，尽管企业仰赖他们提供商品与服务，才得以正常运营。事实上，这些供应商攸关企业成败。

而一旦到了发展中国家，大部分的制造过程都缺少有效法规与良好的工作环境，供货商的待遇自然就更差了。诸如起用童工、仅达贫穷水平的工资，以及毫无人道的轮班制度等恶行，在打造恶劣的工作环境。然而，近年来，许多企业开始意识到这些供应链运作的惯例。以重视人为理念的企业，正为那些人争取公平待遇，毕竟他们对公司销售的产品与提供的服务有所贡献。

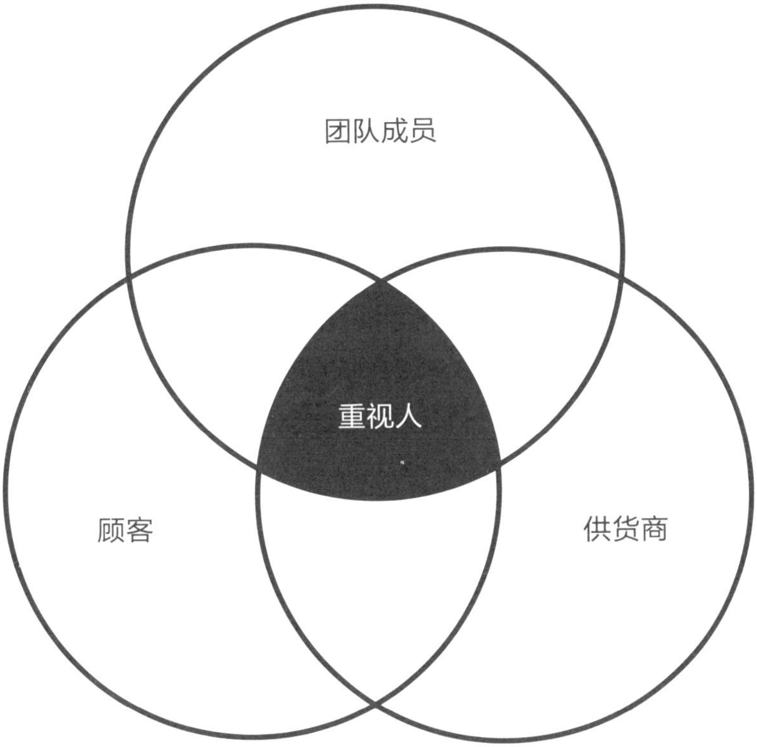

取“世界公民”之意为品牌名称的爱波力公司（Apolis Global），正是最好的例子。我们可以看到一家时尚公司如何被社会意义所驱使，以洛杉矶为基地向外拓展。他们竭尽全力，期望成为“法定公益企业”（Certified B Corporation），那个头衔意味着他们保持透明度与责任感，并且超越社会与环境的标准。他们雇用各国的技工，作为经济发展与商务往来的桥梁。

超过七十三位工匠在以色列与巴勒斯坦的皮革凉鞋工厂工作。爱波力的生意伙伴在特拉维夫市与希伯仑两地之间，开启沟通渠道，协助两个族群的人捐弃前嫌。在孟加拉国共和国，二十一名以上的工匠制造出四万个提袋。爱波力的生意不仅提供工作机会，还为当地人带来基本知识与技能、营养与理财的课程。爱波力为了替他们的定制化公文包生产织物，在乌干达雇用十二名棉花农夫。到目前为止，总销量超过一千，而他们在棉花作物上的投资，也有助于这个地区恢复往日经济荣景。【4】

爱波力虽然规模很小，却在持续成长。这家公司向世人示范，在他们眼中，供货商就跟顾客和员工一样重要。

企业通常擅长重视少部分与公司有关的人，但鲜少在意所有人。举例来说，一家企业可能支付员工很好的薪水，提供丰厚的津贴，但他们的重心却放在内部人员身上，只想着为员工升职，却提供低水平的顾客服务。或者，一家企业可能十分清楚他们必须重视顾客，因此提供顾客最好的服务与低价的产品。但是，为了达到这个目标，企业对于海外工厂提供低廉工资与恶劣工作环境的情况视而不见。

企业不能只费心照料高层主管、董事会成员、股东，或消费额度高的顾客。向企业购买商品与服务的人，重要性不亚于在公司会议室研发新产品与服务或负责销售的人。不论是堪萨斯州威奇托市的顾客、曼哈顿中城的营销经理、印第安纳州韦恩堡的仓储人员、亚利桑那州凤凰城的售货员，还是中国昆山市的制造商，都必须受到同等重视。

相信人最重要的企业，必须同时相信所有人都一样重要。

势不可挡的企业

在欺骗与效益时期，只有当人的身上有利可图时，企业才会重视人的价值。但是，处于诚实时期的企业意识到，每个人都同样重要。他们都在为生存奋斗，都会感到兴奋、快乐，没有人应该为了追求利益，被迫牺牲自己的正直或人性。

在Sevenly，我知道为崇高的理想募款并不困难。但必须下定决心，确保公司上上下下所有人都受到重视。因此，我们采取严厉的措施，力保每个人都值得受到关爱，得到良好待遇。

我们雇用全职人员担任文化与社群主管，这个职位的任务是确保所有员工感到快乐、备受重视，彼此建立稳固的关系。我们相信，即使是在办公室，我们都重视人胜过利润。而这位主管促使我们负起责任。请不要认为，完全以人为中心的文化会自然发生——那必须从内部着手，一一建立制度。

我们已经得知，对人来说，最大的驱动力莫过于目标，而不是报酬和利益。因此，我们竭尽全力，为Sevenly的团队成员与其真心渴望的事建立连接。我们让他们参与述说品牌故事的过程，而他们工作的每个要素都关系到我们要传递给顾客的理想。不论是艺术创造过程、拍摄的影片还是选择的慈善单位，我们都希望团队一起投入心力，并确保他们明白每个人的意见都有价值。

就连必须让员工离职时，我们都有不同的做法。在我们眼里，工作的流动宛如四季更迭。每个人，包括我在内，都会转换到这家公司，短暂待上一段时间，然后在某个时间点转向其他公司。没有人会永远待在这里。即使离开这家公司，也不代表他们人品不好或毫无用处，只能说他们此时在这里的表现或许欠佳。一旦我们得知把他们留在目前的职位于事无补，不论是对我们或对员工来说，这么做都是不公平的。

不过，即使你也认同上述看法，终止双方的合作，依然是杀伤力十足的过程。因此，在Sevenly，我们将《圣经》中的黄金定律换了个说法，变成我们独特的版本："你们愿意人怎样开除你们，你们也要怎样开除人。"当我们说明开除的原因时，从不提及个人缺陷，永远只谈工作本身。不论他们的工龄多长，我们都会提供丰厚的遣散费，绝不吝啬。为什么？因为我们将他们视为人，知道他们家有妻小。

我们让即将离职的员工保留自己的计算机，甚至延伸他们的福利津贴。如果可能的话，我们会帮忙撰写推荐信，赞扬他们的正面特质。他们离职时，我们会提供机会，让他们可以回到办公室，与团队一起举行赞美仪式。我们召集整个团队，分享大家对他们的喜爱，甚至为他们祷告，借此来表达对他们的肯定。每个离开的人都不是遭到开除的员工，我们将他们视为校友。

你们愿意人怎样开除你们，你们也要怎样开除人。

我们的目标是，希望前任团队成员离开公司时，会说：“虽然最终我在Sevenly没能成功，但这真是一家超棒的公司。”

我们也重视顾客与供货商。我们的目标是，让每位在脸书专页或其他社交媒体上留言的顾客，都能从一位团队成员那里得到真人响应。我们没有机械化的信息，而是把人当成人对待（我知道这想法很新奇）。在我们的官方网页上，甚至有一个电话号码，顾客打电话来，绝不会被转接到其他国家。只要你打电话来，我们就会接听。万一我们因故没有接听，也会很快回电。

我们印制的所有衣服都是在洛杉矶用棉织造而成。虽然价格不是最便宜的，但肯定出自当地人之手。那些剪裁布料、缝制衣服或在衣服上印制花样的人，都是我们的朋友。我会在那些地方走动，与制造业者碰面，核查那些衣服确实是基于最高标准的道德关怀制造出来的。我们拒绝支持那些不露面的制造业者，即使这么做会节省成本。

我们常忘记，每个组织都是由一群人组成，每个人都有自己的心思、渴望、期盼与感受，他们因为共同的使命而活跃。一旦我们明白，成功的力量主要来自组成公司的人，我们就可以开始改变世界。只要采纳“人最重要”的原则，让这些原则融入企业文化里，公司就可以建立一支忠诚的团队——这群人愿意跟随领导者奋斗，协力打造势不可挡的企业。

第6章

真相必胜

今年的感恩节跟往年似乎没什么不同。摩根刚吃完火鸡大餐，正昏昏欲睡地坐在沙发上看电视，其他家人则在家中各角落没精打采地坐着。突然，一则新闻吸引了他的注意力。记者报道，纽约有两位过胖的青少年正对麦当劳提起诉讼，指控这家连锁餐厅害他们变胖。

就在这一瞬间，摩根・史柏路克（Morgan Spurlock）突然闪过一个念头，决定拍摄一部纪录片，揭露麦当劳餐点营养价值的真相。

整整一个月，史柏路克每天三餐都只吃麦当劳的食物。只要店员询问要不要点超大尺寸餐点，他都来者不拒；而且，在此期间，除了这家快餐连锁餐厅菜单上的餐点，其他食物他一律不吃。

此外，他还必须至少吃过一轮菜单上的每样餐点，包括汉堡、鱼柳和淋上草莓酱的冰激凌圣代、大把大把油腻的薯条、抹上玉米糖浆制成的西红柿酱，以及一片又一片的加工奶酪。

这样的饮食对他的身体造成了什么样的影响呢？不到三个礼拜，史柏路克的体重便大幅增加，胆固醇飙高，情绪低落，出现肝糜烂症状，痉挛发作。最后，他对快餐上瘾。奇怪的是，这种瘾头儿令人联想到毒瘾。

“我的胆固醇飙高六十五个百分点。我的肝脏基本上已经变成脂肪，脂肪的量多到医生以‘肉酱’形容；这样的脂肪含量已经达到毒害身体的标准，使我有罹患非酒精性肝炎与肝硬化的危险。我顿时吓坏了。”史柏路克说，“我的身体状况对性生活的冲击，也是我女朋友始料未及的后果。”【1】

2004年，这部纪录片《麦胖报告》（Supersize）上映时，引发群情激愤。原因并非片中的假设有何令人震惊之处，毕竟大多数人都认定麦当劳的食物有害健康；而是在于有人愿意说出真相，揭发一家公司躲在迷人的广告与花言巧语后面，不肯向大众实话实说。史柏路克端出健康的真相大餐，而对诚实如饥似渴的美国大众，狼吞虎咽地吃下超过1100万美元的电影票房。

与其给我爱、金钱或名气，
不如给我真理。

——亨利·戴维·梭罗（Henry David Thoreau）

《麦胖报告》不只是一部成功的纪录片，更进一步造成骨牌效应，引发一股揭露企业与组织谎言的电影趋势。2006年，《不愿面对的真相》（*An Inconvenient Truth*）描述全球环境退化，而大多数人却仍活在毫无自觉的小确幸之中。2007年，《健保真要命》（*Sicko*）揭发美国医疗保险产业牟取暴利，并谴责药厂的弊病。2008年，则出现《美味代价》（*Food, Inc.*），这部纪录片揭示的食品业真相，在某种程度上有助于引发全国风行有机肉品、乳制品与农产品的趋势。而2010年的《等待超人》（*Waiting for Superman*）则揭露美国教育体系正误人子弟，上百万名学生受到影响。这些纪录片的票房总计超过5800万美元。

这些纪录片出现的时机，正值市场欺骗风气盛行。这是巧合吗？我认为不是。

在这股助长“真相必胜”信念的风潮中，纪录片产业并非唯一功臣。企业界也建立了这种哲学。秉持这个理念的老字号公司得以维持数十年生意兴隆的辉煌；新兴公司则从这个理念出发，开创欣欣向荣的事业。

举例来说，1993年开张的车美仕（CarMax）公司，相信他们有“更好的方式，可以购买和销售二手车”。到了20世纪尾声，汽车产业成了当时最不诚实的产业之一，声名狼藉。“二手车业务员”成了嘲讽某人不值得信任的形容词。

车美仕公司决定改变现况，成立禁止杀价的专卖店。在挡风玻璃上清楚标示的价格就是售价，绝不二价。每辆车都经过缜密的评估过程，确保质量达到最高水平。如果你目前拥有的车子通过他们的检验，车美仕公司就会买下来，即使你并未向他们购买另一辆车。

车美仕公司给员工提供优越的薪资，取消佣金制，因为那会助长不诚实的风气。他们让顾客直接从屏幕上检视贷款业者提供的金融方案，从中挑选属意的方案。最后再加上值得奖赏的顾客服务，你便能得到他们的成功方程式。

这家创新的汽车公司，如今在全美拥有超过一百家营业据点，总计售出至少四百万辆汽车。将近十年的时间，车美仕公司每年都被《财星》杂志誉为“百大最佳福利企业”之一。车美仕公司创造的组织传奇影响力深远，为世人展现一家企业如何从拒绝说谎出发，缔造惊人的成功。

或者，让我们探讨另一家公司。这两家公司都在相同的产业，名称也类似，叫车传真（CarFax）。这家公司创立于20世纪80年代，最初成立的目的是为了防止里程表作假，但后来发展出新业务，开始通过传真机提供车辆历史报告的服务（公司名称的典故即由此而来）。如今，这家公司从美国各州的汽摩托车监理所与加拿大十省取得所有权信息。

此外，他们还有渠道，可以从超过三万四千个额外的消息来源，获得一百亿笔以上的车辆纪录。从此，消费者购买二手车就有保障了。他们会告诉消费者，这辆车是否发生过事故、经过大幅度维修或曾经被制造商回收过。

这两家公司在以狡诈不实闻名的产业中一举成功的例子，跟史柏路克揭露快餐热潮的纪录片一样，都带来同样的教训：真相必胜，尤其是当欺骗风气已经盛行太久之际，更是如此。

即使伤人，也要说出真相

这个世界充斥着谎言。其实，这么说还太保守。我们正浸淫在谎言之中；我们购买谎言，照三餐吃下谎言。而整个市场就是我们最大的谎言制造工厂。根据最近针对四千名美国人的调查，93%的员工“在职场中经常且习惯”说谎。[2]这种现象对整个社会造成极大的损害。

“我们无时无刻不撒谎，这么做让我们筋疲力尽。”著有《彻底诚实》（*Radical Honesty*）的心理治疗师布来德·布兰登（Brad Blanton）表示，“我们通过一连串出于痴心妄想的陈腔滥调来管理公司：‘顾客永远是对的’‘我不会生气’‘我们正按照计划进行’。但其实我们具备更高的智慧，不需要那样做。谎言会造成极大的损害，导致压力、焦虑与沮丧。”[3]

诚实不仅仅是不说谎，
更是告知真相、说出真相、
活出真相与热爱真相。

——詹姆斯·E.浮士德（James E.Faust）

后期圣徒教会会长

在一个充斥着谎言的世界里，拒绝放弃真理的企业将吸引大众的注意，赢得消费者信任。秉持这个信念的企业，将会做以下三件事。

1. **彻底告知真相。**每个人都得知同样的事实。公司高层不会花言巧语欺骗基层员工；员工明知是不实的谎言，就不会当做“事实”告诉顾客。企业接触到的所有人，都会获得一致的信息。

2. **迅速告知真相。**企业习惯在特定情况下隐瞒真相，有所保留。如果是体制性的错误，他们往往长达好几天、甚至几个月搁置不理，不愿道歉。秉持“真相必胜”理念的公司则知道，忽视脸上的鼻屎，只会更引人注意。他们非常清楚，一旦未能立即回应，就会损害消费者信任，而且速度比光速还快。尤其是在这个数字时代，你的沉默将会给其他流言可乘之机。只要大家有渠道得知重要信息，就会迅速散播出去。

3. **清楚告知真相。**企业通常宣称他们已经告知真相，但事实上只说出了局部真相。一方面，隐瞒关键的信息，将会导致失真，造成的效果与说谎无异。另一方面，有时候企业说的并非真相，他们释放出的信息其实是经过编造、大肆渲染或夸大其词的。倘若企业深信真相必胜，就会注重精确。

对诚实的承诺，要从高级主管做起。你是否曾经与那些为你效命或一起努力的人直接对谈，提供完整的愿景，让他们明白企业目前的方向，以及这个方向对他们将会造成什么影响？他们是否无须害怕阻碍或不利的后果，能够自由地对你坦率直言？如果你没有建立起重视诚实的企业文化，便不可能创造诚实交易的企业。

就像许多内部的承诺，真相必胜的信念将会扩展到公司与顾客、竞争对手的外部关系上。在此举一个负面的例子。看看可口可乐近年的广告，这家饮料公司吹嘘自己帮助人们减少摄取热量。才不是这么一回事！“在总计超过650种饮料当中，我们现在提供180种低卡与无热量的选项。”广告旁白如此叙述，随后就开始吹嘘一瓶可口可乐如何具备140大卡“快乐”的卡路里，这些热量可供消费者消耗在“额外”的活动上。广告结束时，才以极小的字体指出：“每个人消耗卡路里的基础代谢率因人而异。”真的假的？谁想得到这点？【4】

事实上，企业最喜欢在广告与营销的领域背弃真理或只说出局部真相。当代表可口可乐的律师在法庭上表示：“所有广告都是夸大其词，没有人会相信。”【5】从某方面来看，我猜想，经过上一世纪，如今情况并没有多大改变。

如果你想知道一家公司是否相信真相必胜，只要搜寻他们在营销与广告上是否使用“狡辩之辞”（weasel words）——亦即营造虚假的印象，文过饰非，而非直接说谎。这个词汇源自黄鼠狼吃蛋的习惯，它们每次都只吸食蛋黄与蛋白，留下完整无缺的蛋壳。而“狡辩之辞”与这种习惯类似，空洞地宣扬看似对消费者有益的好听话，其实都只是夸大虚浮的言辞。

举例来说，一家公司可能宣称他们的药“实质上”可治愈疾病，却没有承认这种药只能减缓病情恶化，无法根治。或者，一家食品公司可能表示产品“添加”铁剂，却并未提及这种矿物质只有微量。或者，一家啤酒公司可能声称“世上没有其他饮料像这款酒一样”。理论上，这话倒也不假，确实没有人能够以完全相同的配方调酒，装在一模一样的罐子或瓶子里。但是，市面上其实有许多类似的产品，根本分辨不出差异。

正是这类手法，让银行从毫无警觉的客户手中收取大量透支费用；让零售业者在顾客有段时间一直未使用礼物卡之后，榨取剩余的消费额度；让供应家居清洁用品的厂商精心捏造不实的用户评论，发布在社交媒体上，企图营造出一种印象，让大众误以为他们的产品比实际更好。

对内和对外都依赖这些手段的公司，或许可以存活一段时间。但是，消费者比他们想象的要敏锐许多，终究会发现真相。正因如此，那些相信真相必胜的企业，拒绝掩饰可能有害的信息、夸大其词、选择性地筛检事实、编造话术或仰赖“狡辩之辞”与曲解事实，来销售自己的产品或服务。他们十分清楚，一旦踏上不诚实之路，就会迈向惨败的死胡同，失去市场的信任。唯有名为“真相”的公路，才是最快的快捷方式，才可以让他们通往真正长久的成功。

真相藏在细节里

当我创立Sevenly时，我意识到只要许下诚实的承诺，就可以在这个充斥谎言、疑心重重的市场，与竞争对手、同事、员工、顾客建立信任的关系。我们在公司文化里，深切落实“真相必胜”的信念。我们必须积极进取，因为像我们这样的公司，面对的风险甚至更高。

Sevenly从事的业务是“善因营销”（cause marketing）。我们不只告诉大众产品的故事，还述说人的故事。这么做其实很困难，因为周遭充满诱惑，诱使我们精心制作哗众取宠的煽情广告。在我们的产业里，谎言、片面的真相或极致的真相，通常会比单纯的真相带来更好的销路。对于像Sevenly这种替人处理慈善捐赠的公司来说，即使只是暂时失去诚实，都会酿成大灾难。只要我们团队里有任何一个人，针对某个细枝末节撒了善意的谎言，都会让整个品牌蒙上阴影。因此，我们必须小心谨慎，全面保护真相，不论是面对我们的顾客、供货商还是员工，都应该选择真诚以对。

为了防止不诚实，我们的团队在研发阶段花了很多时间，针对与我们合作的慈善单位搜集各种信息。我们不打算精心编排扣人心弦的故事，宁愿寻找令人动容的慈善团体，然后如实传达他们的故事。凡是被我们选中的慈善团体，他们的故事都已经够疯狂，我们无须再扯谎。尽管这么做让我们得以避免编造话术或哗众取宠，却无法杜绝诱惑。于是，我们也许下承诺，所有交易都绝对诚实。在我们的网站上，你绝对找不到任何标示星号的附加说明，也没有以极小字体呈现的条款或隐藏性收费。我们远离所有狡辩之辞与含糊不清的言论。

在广告活动结束后，我们会发表成果，公布照片与影片，并且寄给曾经对那场广告活动有贡献的人。如果我们在巴西建造了一口水井，而你也有所贡献，你就会收到电子邮件，证明这口井的存在。我们还会附上照片，呈现这口井在当地引起的改变。此举让我们负起责任，永远对顾客信守承诺。

此外，我们也选择对供货商与精挑细选的慈善团体诚实以对。举例来说，在邀请一家慈善团体与我们合作时，我们从不承诺未来将募到多少款项。我们抗拒过度承诺的冲动，坦承不知道顾客会受到多大的鼓舞而共襄盛举。

Sevenly也十分在乎对员工诚实。我们绝不轻易雇用任何人，除非事先已经研拟好职缺需求，扼要列出我们期待对方达到什么样的成果与表现。我们希望开诚布公，坦言这个人将受雇做些什么工作，以及我们对他或她会有什么样的要求。在雇用之前，任何可能成为员工的人都必须与我们达成共识。我们希望永远不会听到员工说："当初我被录用时，根本不知道这属于我的责任范围。"或者"你当初雇用我做的工作并非我现在做的事。"

你或许会感到纳闷儿，究竟诚实只是良好的道德观，或者也是成功的跳板？苏・于内曼（Sue Unerman）与乔纳森・巴斯金（Jonathan Salem Baskin）认同后者。他们曾经针对五十五家全球品牌与上百家公司，进行深度的案例调查与研究。他们在其著作《老实说就能赚钱》（*Tell the Truth: Honesty Is Your Most Powerful Marketing Tool*）中表示："不论在哪个市场、通过任何媒介，一旦企业品牌具备告知实情的流程，就很可能售出更多产品，赚进更多利润，提升并维持顾客忠诚度。"[6]

此外，英国艾塞克斯大学（Essex University）研究学者保罗・惠特利（Paul Whiteley）注意到，在市场上渐渐有种趋势，经济衰退往往伴随着不诚实而来。[7]

每一天，你都有机会选择诚实或欺骗。如果你承诺说实话，你将会获胜。你将会赢得更多信任、更多生意，以及更多内心的平静。你将打破组织行为的循环，甚至创造更大的成就。

归根结底，诚实真的是最好的策略。

第7章

透明化带来自由

当你试着串流视讯时，缓冲（buffer）不只是计算机干的好事，令你恼火，同时也是美国最具透明度的公司名称。

作为社交媒体管理工具，巴弗（Buffer）公司或许备受期待，大家都希望它能引领商业趋势。然而，有些人会说，他们对于开放的承诺简直做得太过火了。在公司内部，从最高层级的主管到兼职人员，所有员工获得的信息都是公开的。没有人揣测其他团队成员赚多少钱或他们的股份价值多少，因为一切信息早就随手可得。

就连员工睡觉的习惯都众所周知——每个人都分配到一只Jawbone UP智慧手环，每天的动作、营养、睡眠模式等都受到追踪记录。巴弗公司还使用生产力手机应用程序iDone This，要求团队成员登入汇报目前的工作成果与进展。最近登入的纪录包括："连续四天早上六点起床""重拾每日静心十分钟的习惯"与"必须做点皮拉提斯"。[1]公司甚至可以追踪他们正在阅读哪些自我成长的书籍。自从公司替员工支付费用，让他们可以自由下载想阅读的Kindle电子书，员工就常常公开贴出书名。

巴弗公司的共同创办人李奥·韦德里奇（Leo Widrich）表示，在他所有的商业决策中，承诺全公司透明化是最好的决策之一。公开薪资让他们得以建立决定薪资的准则，进而让雇用员工的程序变得容易许多。此举减少了同事之间的互相轻视，而这向来是职场常见的弊端。而且，公开个人的生产力，可以在团队成员之间打造充满鼓励与支持的工作环境。[2]

这间小小的科技公司已经发展出开放的文化，因为他们相信这么做有利于生意。不过，此举正巧也使他们赶上席卷美国职场的透明化趋势。如今，越来越多的公司正竭尽全力对与他们事业相关的每个人更加真诚友善。例如：

·休闲鞋品牌添柏岚（Timberland）公司不断致力于改善工厂情况。他们设置一个网站，让顾客上网了解作业进展。[3]

· Fab购物网站的总裁杰森·歌德博格（Jason Goldberg）不仅分享公司的财务状况，也透露他个人的度假计划。

诚实与坦率使你易受责难，
但不管怎样，
你还是要诚实坦率。

——泰瑞莎修女（Mother Teresa）

· 网络应用公司37Signals的杰森 • 福莱德（Jason Fried）协助首创“快乐报告”（Happiness Report）机制，让那些在办公室外面工作的人，得以看看他们近百次顾客服务互动有多正面。

· 营销顾问公司Moz的兰德 • 费斯金（Rand Fishkin）曾被《富比士》杂志誉为或许是“透明化世界之首”，最近在网络上公开贴出他自己的绩效评鉴。现在，他前一年所有的成败一览无遗，任何有兴趣的人都看得到。【4】

· 我甚至在自己的网站（DalePartridge.com）上贴出每月薪资报告，公开分享我的收入情况。

正如惠普总裁梅格 • 惠特曼（Meg Whitman）所言：“如今任何企业若想追求成功，就必须确保所有利害关系人（包括员工、顾客及投资人）都清楚了解公司的策略与表现，不论好坏。”【5】

重视人胜过利润的领导者与企业选择透明化，是因为他们知道此举将带来自由——让他们得以自由地做生意，不受阻碍；让他们自由地重新运用时间，否则时间都浪费在试图保密上；让他们自由地摆脱沉重的负担，不需要一再试图确认正确的人是否知道正确的事，而错误的事是否保持隐秘，不为人知。此外，这么做也是让消费者得以自由地消费，无须揣测自己是否了解全貌。

你是否愿意寻找新途径，对那些与你公司相关的内外人士都更加开放？倘若愿意，代表此刻你已准备好加入打破组织行为循环的公司，在今日的市场上功成名就。

人人皆亲眼可见

你或许会认为可以自行选择是否开放，但是，在数字的时代，你其实没有选择。在这个随时随地都可上网的世界，企业透明化是必然的，并非选项。为什么？因为现今几乎你传达的每件事都可以立刻查证。在这个互相串联的全球化时代，没有事情可以永久隐瞒。[6]那些刻意不在台面上公开的事，反而会太过显眼而遭到曝光。

此外，在这个社交媒体无孔不入的世界，透明化是可想而知的。大众知道发生在每个人身上的每件事，包括他们此刻的位置、早餐吃了什么、新车或初生婴儿或老狗的照片。当企业并未反映出同样等级的透明化，就像大众得知别人日常生活琐事一样一目了然，就会损害信任，助长消费者的疑心。

一旦缺少透明化，人心就会多疑。如果你不愿意对别人开放，他们自然就会假设你隐瞒了什么。而当人们有所疑虑，传言就会出现。因此，选择性地分享信息，或拒绝让别人获得资讯，将是引起流言蜚语最快的方式，会对品牌形象造成负面影响。到头来，原来最佳的企业策略是建立大器的公司，而非气量狭小的公司。

听起来很简单，不是吗？

其实，一点儿也不简单。

实现透明化的配方涵盖两个面向：一是示弱，另一部分则是让信息容易取得。两者都代价高昂，不易达成。“示弱”令人联想到骑士卸下盔甲的画面，或是一只乌龟仰躺在州际公路正中央。所有公司都喜欢强大、安全、备受保护。但是，在商业上，“示弱”的运作不同于一般生活。一旦你愿意与人分享自己的得失成败，你就会在你的核心顾客群建立更多信任与忠诚度。这样一来，示弱反而让你茁壮。

一旦你在透明化的配方中加进“示弱”，你就必须拌入“容易取得信息”的成分，而且不仅仅是一小撮，这个配方需要很大的分量。对大多数公司来说，这也是困难之处，因为当你让别人越容易取得信息，你就丧失越多掌控权，而所有公司都热爱掌控。但是，徒有“示弱”，却欠缺“容易取得信息的渠道”，将会产生不良后果。

举例来说，如果你经营一家快餐公司，决定公开发表菜单的营养信息，那就不要把这些信息埋藏在官网上的十六页文件里。否则，当人们试着寻找信息时，他们就会觉得你企图隐瞒某些事情，但你其实根本没这个意图。同样的道理，也适用于电信合约和信用卡合约上。这些公司将重要的细节埋藏在法律术语形成的泥沼里。确实，他们让人们得以获得信息——仅仅是技术上如此。但他们心知肚明，没人会仔细阅读条文，进而找到那些信息。一旦日后这些隐藏在条文中的法律术语被用来处罚顾客，信任就会从此消失。

示弱＋容易取得信息的渠道＝透明化

当然，你不必为了透明化而公开每件事。企业不能公开一切，有些事是业主的秘辛。可口可乐不能在网络上贴出饮料的配方；餐厅老板不能公开他们百年酱料秘方的成分；金融顾问不能透露他们赖以成功投资的算法。

企业必须挑战过时的想法，不再一心只想着保护信息。相反的，他们必须采用全新的商业手法，在不危及经营权的前提下，透露越多信息越好。

从内向外开放

Sevenly刚成立的时候，我希望在经营事业、与人们互动时（我们相信人非常重要），透明化会是我们的基本原则。开放通常从内部展开，然后延伸到公司外部，因此，我们将大部分员工安置在建筑中央的开放空间办公，把这个地方昵称为“牛棚”。有些员工则在办公室工作，我们以玻璃作为办公室隔间，就连会议室也不例外。有些人还是可以关上门，私下谈话，但是整个对话过程一目了然。这种能见度充分传达了透明化的讯息。

公司成立之后，我们开始每两周召开全公司的员工大会。我们不为主管们准备演讲台或首席座位，而是挤成一圈，直视彼此的眼睛。每个员工可以对任何团队成员提问，包括我在内，然后在公开的论坛上得到解答。

在这种情境下，大家会一直感到自在或有趣吗？不可能。我其实也不是每次都很喜欢别人询问我们的书在财务上有多稳定，或者他们的工作有没有保障。但是，每当会议结束后，我一想到自己回答了那些困难的问题，心情就会变好。这就是一种开放所带来的解脱。

电子支付商Square每周也召开类似会议。他们称为“广场大会”（Town Square），而且他们也允许每个人随心所欲地提问。他们雇用新员工时，会进行名为“起点”（Square One）的入职程序，分享许多人认为的敏感信息。

我们也选择对Sevenly的客户进行开放。每一年，我们都会联合一些公司，例如班与杰利冰激凌公司、群众募资网站Kickstarter与瓦比帕克眼镜公司，发表一份详尽的年度经营报告。那份文件的篇幅长达十到十五页，对消费者详述我们旗下拥有多少员工、我们位于哪个年龄层、男女员工的比例、我们捐出多少钱、与多少慈善单位合作、多少人造访我们网站、我们在社交媒体上有多大的成长幅度、最成功与最不成功的活动是什么、最受欢迎与最不受欢迎的产品是什么。我们并非上市公司，其实不必提供这些信息。我们自愿这么做，只是希望对我们的社群开诚布公。

这份报告并非总是呈现出亮眼的成果，但我们不会为了让自己看起来体面一点而进行审查或编辑内容。事实上，我们相当希望这份报告未来会涵盖一些刺眼的负面内容。为什么？因为负面的信息会建立大量的信任。当一家公司分享的内容并不符合自己的最大利益时，顾客就会明白这家公司信息透明、完全开放。

打造透明化的文化就像盖房子，必须一点一滴逐步建立。没有人期待你在一夕之间就铺好屋顶瓦片，上好三道油漆。但是，唯有那些总是思考如何迈向更彻底开放的公司，才能在现代的经济环境下存活。而且，一旦他们加强透明化，全新等级的成功通常就指日可待了。

第8章

忠于自我将赢得人心

当你举杯至唇边，冰块在玻璃杯中碰撞，发出叮当声。你喝了一大口乳白色的单宁酸液体，口感柔顺甘甜。这真是最完美的餐后饮料。

你喝下的是贝礼诗甜奶酒，你啜饮入口的是忠于自我的特质。

自从1974年成立至今，贝礼诗一直忠于爱尔兰本色。事实上，这种爱尔兰本色正是这家公司成功的关键秘诀。

“这一点非常重要。”贝礼诗的对外事务总监彼得·欧康纳（Peter O’Connor）说道，“我们在新西兰或澳洲可以生产更便宜的酒，但是，每次调查消费者的意见，他们总说：‘除非我死，否则免谈。’”[1]

贝礼诗酒由爱尔兰的吉尔贝（Gilbeys）公司制造。每年，四万头母牛产出大约两亿七千五百升的爱尔兰牛奶，全都用来制作甜奶酒。这些血统最优良的爱尔兰乳牛，分别由一千五百家合法立案的爱尔兰牧场牧养。他们的营销与商标令人回想起这个古老的国家，因为贝礼诗欣然接纳他们的自我本色。如果你不喜欢爱尔兰，你就不会喜欢贝礼诗。

他们忠于自我的承诺获得了相应的回报。贝礼诗成为全世界首屈一指的甜酒品牌，销往一百八十个国家，只要是可以合法饮酒的地方，就看得到贝礼诗甜酒。他们估计百分之五十以上的烈酒是从爱尔兰出口，而且每年每月每天的每一分钟，超过两千三百瓶贝礼诗酒被喝下肚。【2】

音响公司古力奇（Klipsch）是另一家发现成功之道来自忠于自我的公司。1946年，保罗·古力奇（Paul Klipsch）在美国阿肯色州霍普市成立这家公司，刚开始他们就在一间铁皮屋办公。保罗的目标是通过号角处理科技，“在他的客厅打造宛如歌剧院现场表演的惊艳音效”。【3】

但那是将近七十年前。如今，许多音响公司迎合九到十二岁孩子的喜好，生产彩色的（或许还是塑料的）小型音响。古力奇公司却力抗诱惑，拒绝跟随短暂的潮流。“我们觉得整个市场太过拥挤。”古力奇的总裁保罗·雅各布（Paul Jacobs）说，“当我们不再试着成为别人，便是我们忠于真实自我的时候。”【4】

“忠于自我”是由我们每天必须做的所有抉择汇聚而成的境界。这是关于揭露真相与保持真诚的抉择，是坦诚以对的抉择，是让世人看到我们真实自我的抉择。

——布琳·布朗（Brene Brown）

《脆弱的力量》作者

这家公司继续专心生产高传真的音响产品，紧紧抓住创办人绝不妥协的理念。他们的营销策略“绝不吹牛，这就是最佳产品”创造了漂亮的口号。例如，“从1946年开始惹火邻居”与“不要再买烂音响，那太丢脸了”。【5】

这些年来，虽然古力奇公司持续创新，但他们拒绝改弦易辙，结果他们甚至比以前更成功。正如官网上的承诺：“古力奇公司依然以过去的眼光，展望未来。不论是今天或一百年前，古力奇公司所做的每件事，都反映出保罗绝不妥协的精神，以及这个品牌承诺带给世界最强大、最细致与情感充沛的原音重现产品。”【6】

从饮酒到声音，这些最忠于自我的公司正称霸现今的市场。

接受你自己

忠于自我是很简单的概念。真的，你只要活出你的理念，实践你所宣扬的想法，成为真正的你，这样就好。但是，培养这项特质需要时间与纪律。忠于自我将带来吸引人心的力量，在迈向忠于自我的路上，有四大站：

1. 发现你的组织特质

如果你不了解自己，便无法成为真正的自己。你的团队成员具备哪些独特的天赋与热情？对你的组织来说，什么最重要？如果你被迫取消手上的计划与工作项目，哪一项你会保留到最后才取消？是什么让你的团队愿意清晨即起，熬夜工作？你在什么事情上表现良好，你有多喜欢这件事，为什么？

这些问题有助于你开始了解自家公司的特性。如果你不确定答案，不妨跟你的部属聊聊，看看他们如何形容这个组织。如果你的团队给出的答案大致相同，你或许可以进一步了解，而非私下猜疑。如果有多少工作项目，就出现多少不同的答案，代表眼前可能会有许多艰困的工作等着你。

一旦你发现自己的组织特质，请投入更多时间与资源在符合你本性的计划上，而非耗费在违背本性的任务上。最终，你应该达到的境界是，让整家公司都符合你的组织特质。你目前正在做的事情中，有哪一件事不合乎你的本性？立刻封杀这件事，把它摔在地上，掐死它，然后埋在你家后院。停止投入心力在违背你本性的事情上。

2. 抗拒成为别人的冲动

让许多公司陷入麻烦的地方在于，他们试图捏造自我形象，而非忠

你目前正在做的事情中，有哪一件事不合乎你的本性？立刻封杀这件事，把它摔在地上，掐死它，然后埋在你家后院。

于自我。他们雇用市场分析公司，协助决定发言时要运用哪些术语，以及在广告中可以利用哪些形象。他们试图打造公司特质，相信这些特质将会吸引消费者，他们想要面面俱到，迎合所有人。然而，当一个品牌太过努力营造真实形象，感觉起来就不真实了。

品牌往往过度精心设计，太完美，太不自然。不过，你绝对骗不了任何人。人类拥有一种神奇的本领，可以嗅出谎言的气息。重视人胜过利润的公司对此非常清楚，这也是为什么他们愿意抗拒成为别人的冲动，即使这么做似乎会带来更好的销路。

当我们允许别人了解我们，包括个性上、专业上与组织上的了解，我们就会吸引新的追随者，并向现有的追随者灌输忠诚度。但是，一旦我们试图冒充，就会造成不信任。

“如果我们意识到一个人或一家公司的言行举止主要是出于自利，比方说，他们告诉我们某件事是因为对我们有所求。例如，希望我们投他一票或掏钱购买他的商品，那么，我们自然会挑起眉毛，萌生疑心，并且保持距离。”领导学导师西蒙·斯涅克（Simon Sinek）说，“如果他们告诉我们某件事，是因为他们真心相信这件事，希望帮助我们，那么，我们其实会更尊敬、信任他们。”【7】

告诉人们你相信与关心的事，才是忠于自我的行为，而不是先揣测人们想要你相信或关心什么事，然后才告诉他们那些事。

3. 帮助别人成为自己

做生意其实不过就是经营一系列关系的行动。因此，如果你想要打造忠于自我的文化，你的工作应该是协助你服务的人成为真正的自己。

服饰零售商Anthropologie在这件事上的表现颇为出色。他们舍弃精确而死板的布置样本，以及千篇一律的营销计划，转而鼓励各层级的员工深入了解当地的三十多岁已婚妇女，然后量身打造店面环境，让那些顾客可以感受到真正的自己。

每一间Anthropologie分店都没有统一的标准。各店的室内装潢都是由当地的设计师操刀，以拾得的物品与古董布置空间。比起大老远运送经总公司高层核准而大量制造的陈列品，这么做的花费会不会比较高？一点也没错。但是，“如此一来却能创造忠于自我的真实感，在热爱这个品牌的当地人心中引起共鸣”。[8]

这么做的目标是创造一种空间。在这里，兼顾事业、孩子与其他责任的顾客，可以和内心那个热爱冒险、率性而为的女性恢复联结——这些顾客内心的自己很少出来好好伸展一下手脚。难怪他们的顾客往往一逛就超过一个小时，而且每次造访Anthropologie分店都会花上将近80美元。对一家不曾做广告宣传的公司来说，这数字可不算太寒酸。[9]

如果你能学习忠于自己，同时致力于让顾客成为真正的自己，便能打造成功的企业。协助你的顾客热爱并拥抱自己，如此一来，你奉上的美丽赠礼，将让他们难以忘怀。

4. 即使在忠于自我的同时，也不忘持续创新

拥抱忠于自我的概念，有时有点儿像踩钢索。为了保持真实的自我，一个品牌必须承诺忠于自己的价值。然而，如果这家公司想要和消费者息息相关，就必须充满行动力，时时改变自己。一个重视人胜过利润的品牌，必须在这两股互相冲突的推力之间找到平衡，设法在不出卖自己的前提下，保有独创性。

企业的发展就像人类随着年龄老去一样。但是，即使时间会带来皱纹与老年斑，你的骨架终究不会改变。你绝不可能一觉醒来发现一条腿变成鳍（万一真的发生这种事，请立刻去看医生或兽医）。有些事不会随着年龄而改变，因为正是那些事造就了身为人类的你。

对企业来说，也是同样的道理。你必须厘清自己的哪一部分造就了你，而哪一部分应该保持弹性。列出你绝不妥协的事。这些是构成你公司的要素，不受时间影响，应该要永恒不变。你的组织特质中，哪些是

不能变卖的？一旦你了解哪些事不能妥协，便能在不出卖自己的前提下茁壮发展。创新与妥协之间是有差异的，你必须学习前者，避免后者。

一切从你开始

如果没有忠于自我的人为公司效命、领导公司，就不可能有真诚可靠的公司。一路走来，这个信念最让我感到煎熬。我二十出头就开创了许多家公司，但一直到Sevenly成立，我才第一次有机会从事我真心相信自己擅长的事：为全世界最伟大的理想筹募资金，并引起大众关注。我是慈善家，但我同时也是创业者。我很想相信自己就是那个在非洲走过一群微笑孩童的男人。但那不是我，真正的我不是那样。

因此，每一天我都在忠于自我的理念中挣扎不休。为了让别人留下深刻印象，我改变原本的穿着打扮，调整聊天的话题。即使我试着藏拙，表现出一副功成名就的年轻创业者形象，但无可讳言，身为老板，我有很大的缺点。我每天都饱受诱惑——不，是每个小时——想要以精彩的生活片段填满我的社交媒体。

但是，你知道吗？我是工作狂。平常我是一个普普通通的丈夫。我不是完美的老板，甚至并非一直都是好老板。我有些缺点，并不完美，以至于我必须寻求专业咨询。我放在网络上的照片看起来那么酷，我的推特（Twitter）发言听起来那么有智慧，写这本书让我看起来举足轻重，但我其实没那么酷，没那么有智慧，没那么重要。

成为真正的自己。

——《人本获利时代》

然而，为了让一家真实可靠的公司茁壮成长，我必须学习成为忠于自我的领导者。这也是你必须承担的任务。

对抗谎言

只要为了达到社交目的，浮夸作假的诱惑力就特别强烈。许多公司都把焦点放在追求利润上，慈善只是附加的理想。Sevenly成立之初，我们决定用不同的方式经营事业。我们不想要推销虚构的假象，假装我们是地球上有史以来最无私的一群人；而是表现给大家看，我们只是一群充满热情的人，希望在这世上做点善事。Sevenly的团队是一群像你一样的人，因为志同道合而共聚一堂。

这也是为什么我们做的每件事背后都蕴含了“人最重要”的理念。你一踏入我们的办公室，就会在约莫13公分 × 13公分大的黑板上看到醒目的标语：“人最重要。”我们许多产品上也看得到这句话。这句话出现在我们的网站、名片，以及电子邮件的签名文件上。我们不希望任何人遗忘我们的本质。我们就像一台无线电应答器，不停地发送同样信号，传递“人最重要”的讯息。当船只接收到我们的讯息，就会吸引志同道合的船前来。

但是，我们不希望只是扩展使命版图，我们想要分享自己的人格特质。这就是为什么我们网站上的团队照片看起来这么有趣了。我们分享自己的趣事，挤眉弄眼地搞笑。每个员工的人格特质略有不同，我们都予以接纳。我们希望别人了解真正的我们。我们甚至让自己养的狗当模特儿，在我们的网站上展示宠物衣服。只要一逮到机会添加个人特色，我们绝不放过。

另外，我们还在影片里加强自我特色。我们让团队成员在影片中轮流上场，确保几乎每一部影片中都有Sevenly员工的身影。如果有位员工对正在进行中的某项慈善任务充满热情，我们就会让他带头摄制那部影片。

我们甚至在社交媒体上展现公司内部的工作情况与团队的幽默感。如果你在脸书、推特或Instagram追踪Sevenly的账号，你就会从照片中看到我们团队成员正在做自己热爱的事。我们在办公室的冰箱贴上醒目的手绘独角兽，以有趣的方式告诉大家如何大笑。我们公开庆祝，也当众哀悼。

这一切听起来轻而易举，但其实这么做需要勇气，你必须勇于接受自己，不要再试图成为你以为别人期望的样子。然而，在这个充斥着促销话术与空洞口号的世界，这么做非常值得。忠于真实的自我，将为你节省金钱，并造就一群力量更强大、更忠诚的利害关系人。

所以，放手去做吧！做你自己。

第9章

品质会说话

有人说，美国德克萨斯州奥斯汀（Austin）的空气混杂了灰尘与神秘的力量。托德·桑德斯（Todd Sanders）搞不好会同意这种说法。

1992年，桑德斯念大二的时候，在公路上转错弯，结果到了奥斯汀。主修平面设计的桑德斯向来着迷于定制招牌，这回他一见到这座以灵异怪谈闻名的城市，立刻陷入爱河。

“我们开着车在市区绕来绕去，不到十五分钟，顶多二十分钟吧，我就说：‘我要搬来这里，在这里打造霓虹灯招牌。’”桑德斯回忆当时。[1]

几个月后，他打包行囊，搬到这座透着古怪的德州小镇，成为艺术家与创业者。虽然他迫不及待想要立刻开始，但他心中有个愿景，希望在这一带打造质量最好的招牌。这意味着他必须花上十年时间磨炼技艺，才能臻至完美，包括在当地的霓虹灯商店担任三年学徒。

桑德斯为了他的愿景做了很多牺牲。他被迫住在一辆停在镇外牧场的拖车里，每周只赚300美元，长达好几年的时间。

“我父亲会来探望我，后来他告诉我，有一次他在院子里看到我坐在椅子上，几头母牛在周遭漫步，他就哭了起来。”桑德斯说，“他不敢相信我居然为了我的艺术牺牲到那种程度。”【2】

桑德斯继续磨炼技艺，改善设计。他把重心从商业招牌转向定制的艺术作品，创作灵感来自二十世纪三四十年代的老旧招牌。他从一大沓超过四百份的商业杂志、海报与书籍中撷取灵感。每一项作品都先手绘打底，然后经过敲敲打打，在他的后院逐渐成形。

“有时候，夜里我坐在后院，在整个作品点亮之际，我感到霓虹灯、艺术线条，甚至闪烁的灯泡都绽放耀眼光彩，这简直是一种灵性体验。”他说。【3】

不过，并不是只有桑德斯深深被这些手工制作的招牌所打动。他的公司“客栈遗物”（Roadhouse Relics）目前的订单已经满到客户必须等待四个月，而他的艺术作品受到《财星》与《君子》（Esquire）等全国性报刊杂志报道，并出现在泰伦斯·马里克（Terrence Malick）与劳勃·罗里奎兹（Robert Rodriguez）的电影里。到头来，决定投入手工制作，成为他这一生最赚钱的决定。

但是，质量不仅是对从事小型精品生意的艺术家有利。想一想安快银行（Umpqua bank），这家小区银行以俄勒冈州为基地，各地的分行不到一百家。2001年，安快银行开始重新想象他们提供的银行业务体验。他们拟定了一份清单，列出客户重视哪些事，以及作为一家企业，什么事对他们最重要。

安快银行发现，他们的客户渴望获得质量优良且贴心的银行体验。客户对于全国性银行毫无人情味、欠缺同理心、一心只想着效率的顾客服务，越来越感到厌烦。正因为如此，他们一开始才会选择这家比较小型的银行。

于是，安快银行的高层主管决定彻底改变。他们落实一种“放慢银行业务”的体验，承诺提供一定水平的舒适自在与个人服务，而大型银行老早就放弃这种服务了。他们在美国波特兰市中心的珍珠区（Pearl District）开设旗舰店，第一个月就有100万美元的存款进账，九个月后，更创下5000万美元存款的纪录。[4]安快银行的网站上自称是“世上最棒的银行”，而他们在小区服务的民众也越来越认同。

托德·桑德斯的“客栈遗物”公司与安快银行让我们学到两堂课。首先，狂热地追求质量会带给企业竞争优势，因为此举充分说明你多重视顾客。此外，这么做也充分说明了你是谁、是什么让你与众不同，以及他们可以期待多高水平的卓越品质。人们的胃口将会越来越大，往往为了上等的服务与优异的技艺而付出最高金额。

第二，托德·桑德斯和安快银行让我们领悟到，质量创造信誉。你的网站设计美感、你的产品包装，甚至公司名片使用的纸张，都会塑造顾客对你的观感，以此决定你的公司是否可靠。

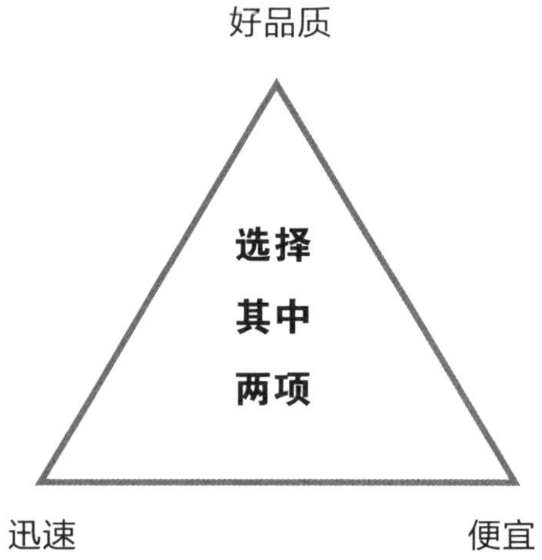

令人痛苦的利润

大多数商业领袖都会说质量很重要，但一提到实际采取行动追求质量，他们就吓得半死。为什么？因为持续改善质量，可能意味着价格渐渐提高或净利率降低。我对此感同身受，因为我也在对抗这种恐惧。Sevenly的产品并非市面上最昂贵的商品，但也不是最便宜的商品。你可以在大街上任何一家大型的连锁百货零售店，找到价格更低的T恤、背包、水壶或海报。

我不时担心我们抓不住全美上千万名具备价格意识（price-conscious）的消费者，但我更害怕在质量上做些微妙的妥协。或者，害怕我们的下场会像《圣经》中描述的犹大，为了三十枚银币出卖自己的灵魂。

为了保护自己，我们经常盘点公司的标准。我们想要为了品质奋战，总是不停自问："我们要怎么做才能让产品更好？"我有一份管理文件，名为"Sevenly的质量盘点报表"，用来监督公司拥有的一切与推出的产品。这份列表记录了哪些达到最高质量，以及哪些需要改善。借由这种评估事业的方式，我厘清了品质的四大面向。所有消费者将会特别留意这四大面向的质量好坏，因此每位领导者都必须把焦点放在其上。

1. 实质质量

顾客或团队成员接触到的一切都必须质量优异。在Sevenly，我们慎选印刷纸张，在意衣服上的转印墨水质量，仔细思考出货的包裹所采用的再生材质标准。在我们转印T恤、背心或连帽衫之前，会先调查棉纺混织品，订购样品。如此一来，我们才能检视布料的垂坠度，实地感受布料与肌肤接触的触感。

透过Sevenly，我们销售的产品已经高达五十万件。如果我将资金投注在营销、广告与华而不实的设计，而非用在产品上，结果东西一到顾客手上没多久就坏了，那这笔钱就白花了。如果衣服破掉或包包解体、保温瓶生锈，不仅顾客从此再也不会向我们购买商品，而且还会告诉他们的朋友不要来光顾。质量是最好的营销。行文当时，Sevenly的顾客平均每年都会回来消费2.8次，创造的年度顾客价值（customer value）是112美元。

我们甚至手绘印样。这么做成本更高，但是独创性对我们很重要。我们认为计算机会减损做工的美感，因此才决定做这项投资。我们希望将Sevenly打造成这样的地方——在这里，你可以购买自己喜欢的产品，同时支持你钟爱的理想。有时候，“重视人胜过利润”的心态，源自“重视产品胜过利润”的念头。

既然我们的团队成员与顾客一样重要，我们也会确保他们获得顶级的配备。我们发放质量优良的笔、桌子与电脑。我们甚至考虑到办公室椅子的舒适度。在Sevenly，每个人拿到的名片都跟我一样——在厚厚的硬纸板上，用两种色调印制，“人最重要”这几个字还经过精美的打凸处理。

请好好盘点整间办公室的物品，想想看，这些东西向你的员工传递什么信息，他们会觉得自己在你心中有多大的价值？现在，请调查你提供给顾客的产品质量与耐用度。这些项目显示你在乎的是顾客，还是净利率。

2. 体验品质

细致的手艺不仅可以触摸到，还能营造情感氛围。顾客买的不只是产品，他们同时也在购买体验（如果你不相信我，不妨问问苹果笔记本）。然而，许多公司从不考虑他们创造的体验。

说到在这方面质量有所进步的企业，最好的范例就是维珍美国航空（Virgin America）了，他们以一种在飞行中服务顾客的接口“红”（Red）系统改善飞行体验。顾客不仅可以通过“红”系统看电影与电视节目，还可以点餐与饮料，“所有价格一目了然，并可‘实时’了解目前供应哪些餐点与饮料。再加上‘红’系统具备的定制化能力，自然大有益处。不仅能够更快速接单，而且事半功倍”。[5]你再也不需要苦等行动迟缓的饮料推车，好不容易来到你面前，却发现汽水已经没了。

在Sevenly，当我们决定研发新产品时，就会挑选一个公益目标，然后寻找在那个领域出类拔萃的慈善单位。一旦选定共同合作的慈善单位，就会开始脑力激荡，构思最能传达这个公益目标的标语。我们用过的标语包括：“自闭症：与众不同，但不比别人差劲”“你视为理所当然，别人却求之不得”与“成为让别人期待明天的人”。我们会在社交媒体上测试这些标语，以听取社群响应的意见。

等标语拍板定案后，就会交给我们的艺术部门。他们会反复构思五到十种设计概念。一旦确定方向，他们就会草绘每个字，在纸上画出想象，此时通常会使用蘸水笔。然后，我们会转成向量图档，创造颜色的变化，再交棒给负责生产的团队，在各种衣服样品上进行测试。产品最后会交到摄影团队手上，他们会创造最理想的光线，用高级相机拍出令人惊艳的照片。

顾客购买产品之后，我们会以质量良好的包装出货，并附上数据，说明他们正通过这笔交易支持什么样的慈善目标。当顾客在网络上浏览产品照片或收到Sevenly寄的包裹时，我们希望整个过程的体验（不只是最终的产品），能传递我们全心投入的技艺精神。

如果顾客光临你工作的商店，你会在这个地方打造什么样的体验？如果你正在销售商品，你的包装方式传达什么样的信息？你的办公室是否用有一种氛围，鼓励创意且在团队之间建立忠诚度？

不要妥协。

——《人本获利时代》

3. 视觉质量

21世纪是美学时代。你面试时的穿着打扮，决定你是否能被录取。你可能会不准孩子与邻居玩耍，因为对方的外表让你感到不安。大型广告牌或商业广告的视觉呈现，会影响你是否光顾或造访网站。色彩、字形与版面设计，其重要性更甚以往。

到了我们现在这个时代，视觉要素不再是品牌的象征，而是表现品牌核心的方式。因此，设计势必得成为任何企业的核心价值。不管是什么产品，只要有你的名字与指纹画押，就必须要做到尽善尽美。视觉设计是大众对贵公司印象的第一个接触点（touch point），可以主宰你们之间的关系。所以，请务必确保你的创意团队里全都是明星选手。

在Sevenly，我们有四十页的品牌指南，详述经常使用的术语、绝不使用的词汇、商标的使用方式与禁止的使用方式，以及我们的创意价值。这本指南是我们的《圣经》与支柱。

你不妨找一些创意十足且对你实话实说的朋友，请他们评估你的网站、印刷数据与商标设计。然后，询问他们这些视觉元素展现出什么样的企业形象。你的发现可能会让你大吃一惊。

4. 个人质量

当这个世界越来越自动化，通过个人的接触，最能够感受到卓越的质量。你的企业应该想想新点子，设法与你们的社群建立个人式互动。在没有事先设定议程的情况下，打电话、甚至拜访你的顾客，看看此举会不会在对方心中留下印象。

最近，Sevenly引入了一套全新的出货系统。一个计算机程式的错误迫使我们延后出货，导致几千张订单延迟。我们大可以无视这件事，或者传送大量制式e-mail就好。但我们并未这么做，而是整理出那些受到影响的顾客名单与地址，由我们的团队花时间亲自手写道歉信函给每位顾客。结果，这起原本可能酿成大灾难的不幸事件，却为我们带来一些狂热的粉丝。

此外，我们每年也会在办公室内举办几次活动，邀请我们的社群前来一探究竟。我们让他们逛遍整间办公室，审视我们的设计与产品。我们找来最优秀的餐车业者，提供冰凉的啤酒（可不是便宜的美国淡啤酒，而是来自当地啤酒厂的美味手酿啤酒）。我们通常会邀请知名的演讲者发表演说，或聘请乐团现场演奏。在这些活动里，人们可以看见、接触、品尝与聆听我们所相信的一切。我们的办公室成了回音室，在个人接触下，充满实质质量、体验质量与视觉质量的回响。哦，还有一件事：这些活动，我们一分钱也没收。

你是否满足于从远处吸引顾客？你的团队成员呢？你如何让企业变得更加个人化？

洗耳恭听

有个方法可以确保你正迈向追求卓越的路上：打造评估与回馈意见的文化。品质不是你说了算，顾客说的才算数。毕竟这是你的点子，你自然会有所偏颇。而且，降低质量可能会增加你口袋里的收入。人类有种不可思议的能力，会合理化不当的决策。

我们在Sevenly已经建立起调查的文化。通过社交媒体的平台，定期寄出调查问卷给顾客。我们每一季也会以e-mail寄送大规模的一般性调查给顾客，以及与我们合作的慈善单位，确保大家都很满意。我们甚至以匿名的方式，寄出问卷调查给员工。搜集这些回馈意见，对质量有莫大的影响。

有一次，我们订购了一千件三合一混织的棉制衬衫，这是市面上穿起来最舒适的衬衫之一。幸好经过调查，从回馈的意见中，我们发现由于布料混织的关系，当我们把衣服加热，好让转印墨水干燥时，衣服却因此缩水了。因此，当顾客收到这批衬衫时，发现衣服并不合身。事实上，这么说还太过含蓄了。这批成年男子的衬衫变成了露肚装。

当我注意到这些回馈意见时，我走向我们的转印机，亲自观察干燥的过程。我用手量了量衣服前后的尺寸变化，确定哪个温度会造成垂直的收缩。最后，我们必须选择另一款衬衫。多亏了这些调查，我们才能及早发现问题，免得下个礼拜又订购三千件同样的衬衫。

不过，如果你没有跟据回馈意见而有所调整的话，调查就只是无意义的浪费时间之举。举例来说，当顾客为了手机问题打电话寻求技术支持时，公司常会要求他们回复“简短的问卷调查”。但是，这些公司往往不会正视及处理这些回馈意见。他们缺乏聆听的意愿，也毫无改善。于是，来电的顾客便学会了拒绝这些问卷调查。质量意味着聆听、响应与迅速改变。

有一次，我们发现正在使用的墨水含有甲醛的成分。如果是拿来零售，一切都还好。但是，一旦装进密封的袋子里，经过配送之后，一打开包裹就会闻到一股可怕的臭味。当许多调查都显示我们的衣服闻起来像死鱼一样，我们就明白质量出了问题。由于我们不会出货给自己，自然毫不知情。在发现问题的几个小时内，我们的团队开起紧急会议。在那几天内，倾全力寻找解决之道。不到一个礼拜，我们已经落实改变。

请你务必花点时间研发一套体制，让你可以从每位与公司有关的人身上搜集回馈意见。一旦收到回馈意见，请认真看待，并迅速响应。这种跟据回馈意见而进行的改变，很有可能迅速加强企业的卓越表现。这种做法达成目标的速度，鲜少有其他方式比得上。

别放弃奋斗

如果你正为一间老字号公司效命，而你感觉到公司的质量已经大不如前，或者失去了应有的质量，你会怎么做？发展成熟的大公司就像庞大的船舰，转弯的速度缓慢。会不会太迟了？在因为注定失败而徒劳无功、失去理智之前，你应该跳船吗？

不。修正航向永远不嫌迟。

你不妨想想哈雷摩托车的例子。如今，他们是全世界最值得信赖的摩托车制造商，而且是全美最受肯定的品牌之一。但是，在20世纪80年代，哈雷摩托车因为出货时运送质量出了问题，而在破产边缘摇摇欲坠。当时，公司高层开始认真提高质量，回归根本。他们决定创造更好的产品。

“1982年，哈雷摩托车没有自己的资金。”2003年，哈雷的总裁理查德·提林克（Richard Teerlink）这么告诉哈佛企业管理硕士班的学生，“我们负债9000万美元，银行连一分钱都不愿意借。虽然我们拥有良好的品牌与忠诚的顾客，却无法获利，因为当时缺乏质量优良的产品。为了给顾客公平的交代，就必须改善产品的质量。如果我们一直无法改善哈雷的产品可靠度，这家公司就不会存活至今了。”[6]

重视人胜过利润的公司明白，卓越的表现最能创造信任与忠诚度，并向顾客传达公司的价值。不论你是已经存在一世纪的公司，早已家喻户晓；还是成军不久的小区银行；或是在后院敲打金属的家伙，全心投入追求质量，永不嫌迟。

永远都不要安于现状，沾沾自满。

第10章

慷慨付出必有回报

你妈妈有没有告诉过你，如果你在学校没有用功念书，乖乖吃掉蔬菜，你的下场就是去快餐店煎汉堡？但这可是帕特里克·特里（Patrick Terry）梦寐以求的下场。

2005年，特里决定开一间与众不同的汉堡店，让大家重新想象这项美国长销商品的销售方式。帕特里汉堡店（P. Terry’s Burger Stand）创立于美国德克萨斯州奥斯汀，很快就成为知名的“‘反’快餐连锁店”。当然，他们还是卖汉堡、薯条、奶昔，以及其他你可能料想得到的食物。但是，只要你看一下这家企业葫芦里卖的是什么药，便会发现他们完全不像其他快餐厅。

帕特里汉堡店只采用质量优良的食材，包括全天然饲养的牛肉，而且全心投入顾客服务。他们经营事业时秉持对生态环境友善的原则，包括在每间店面使用再生的纸张与硬纸板。尽管如此，他们依然维持低价，汉堡只卖两美元。

光是这些特色，就足以让这家连锁店有别于当地的汉堡王。但真正让帕特里汉堡店独树一帜的，则是他们慷慨大方的公司文化。他们团队成员的收入均远高于最低薪资，他们为西班牙裔员工提供英语课程，他们提供免利息的紧急贷款给需要公寓或车子的员工，而且，他们总是由内部晋升。【1】每年年终，帕特里汉堡店都会发给员工奖金，以2013年12月来说，他们付出的奖金高达6.5万美元。如果这些做法还不够大方，这家汉堡连锁店捐给当地慈善机构的金额已经超过33万美元。

帕特里克的慷慨策略是否奏效？如今他们拥有九家分店，总计超过三百名员工。我认为确实有效。

帕特里汉堡店并不是唯一尝试付出更多的公司。“汤姆斯布鞋”绝对名列其中。这家鞋子公司首创“买一捐一”模式，消费者每购买一双鞋，他们就捐出一双鞋给有需要的儿童。

瓦比帕克眼镜公司用眼镜做同样的事；来自澳洲的特蕾莎童装（Baby Teresa）也采纳“买一捐一”模式，捐出婴幼儿服饰。最近诺斯壮百货公司开了一间实验性质的分店，该店所有盈余都捐作慈善用途；星巴克有几家分店也捐出大笔盈余给有需要的人。【2】

慷慨大方指的不是企业做的事，而是企业本身的特性。许多公司不了解其中差异，因此陷入麻烦中。

现代每一家企业似乎都绞尽脑汁，想方设法付出更多。但是，有些企业之所以捐款，是为了展现慷慨的形象，而不是骨子里就这么大方。这种诱惑让慷慨付出变成复杂而棘手的美德，但是，只要真心诚意，而且处理得当，就可以借由打造慷慨付出的文化，把你的企业推向更大的成功。

张开双手的体系

慷慨大方指的不是企业做的事，而是企业本身的特性。许多公司不了解其中差异，因此陷入麻烦中。

慷慨大方应该是无私的，而非附带条件的付出

做生意的主要动力与慷慨大方正好相反。经商讲究的是“获得”，是利润，是彼此互惠。相反的，慷慨大方则建立在爱、关心与同理心之上，是无私而不求回报的付出。

沃顿商学院教授亚当·格兰特（Adam Grant）在其著作《给予：沃顿商学院最启发人心的一堂课》（*Givc and Take*）中，提到大多数

人都可归为以下三种类型之一：

给予者：不求回报的付出。

索取者：绝不付出，只在乎自己的利益。

互利者：在有所回报的前提下付出。[3]

格兰特发现，最成功的人往往是给予者，因为他们能够建立由超级粉丝组成的人际网络，而这些粉丝都支持他们做生意的方式。

许多企业并未意识到这一点。他们短视近利，犯下大错，竟试图把“慷慨大方”当作营销工具。他们付出，只是为了让自己看起来乐善好施、品行高尚，或是为了让顾客在消费时自我感觉良好。但是，他们不明白这种行为会留给别人虚伪做作的印象，甚至认为他们在操弄人心。这些公司原本试图表现出乐善好施的样子，到头来却像个推销蛇油的江湖郎中。

在Sevenly，我们希望达到的目标是引领新时代慷慨付出。为了实现目标，我们必须先从对待自己团队的方式着手。新人报到的第一天，他或她会收到一个礼物盒，内附有一封总裁撰写的欢迎信；一套“人最重要”的笔记本；三张可以用来带共事的伙伴外出午餐的礼物卡；一本发掘天赋的书；一件合身的衣服，以及一张可以拿去送给朋友的

Sevenly的礼券。他们参观办公室之后，会和我们的文化与社群发展主任共进午餐，然后分配到一台全新的苹果笔记本。接着，他们坐下来开始工作，心里非常清楚自己的薪资高于产业标准，而且还享有可观的福利。

我们从调查中发现，人们最想要的东西是免费的饮料。因此，我们为团队提供无限畅饮的咖啡、茶与维他命水，而且几乎每天都烘烤新鲜的饼干。我们甚至给员工母亲节与父亲节津贴，供其用来维系最重要的人际关系。

我们希望以身作则，为员工慷慨付出，如此一来，他们在私下的个人生活中就会更加乐善好施。这也是为什么我们要提供员工财务规划与报税的免费咨询服务。我们十分清楚，财务状况往往会限制人们慷慨付出的意愿，而且会为生活带来压力。我们想要帮助他们尽可能拥有最好的生活质量，永远不需要觉得自己能力有限，无法付出。

因为我们只要卖出一项产品，就会捐出7美元，慷慨付出的观念已经深深扎根在我们的商业交易里。我们捐出营业总收入的22%，单单2012年，我们就捐出净利的五倍金额。这不合常理，却行得通。

没有人会因为付出
而变穷困。

——安妮・弗兰克（Anne Frank）

我明白Sevenly的商业模式让慷慨付出听起来很容易。有些企业旗下有上千名员工，拥有百年历史，公司章程错综复杂，使其无法完全实践我们的哲学。但是，每家公司（还有每个人）或多或少都有能力付出。如果你想等到完美时机才付出，这种事绝不可能发生，因为“完美时机”根本就是天方夜谭、童话故事、虚构传说。永远都会有限制、阻碍与很好的借口，让你无法追求慷慨大方的境界；永远都有薪水、账单与厂商等着你付钱。所以，如果你正在等待完美时机，你的钱包肯定会屡战屡胜。

倒是可以从小事着手——设法在日常工作中营造惊喜；准许你的员工不按常理做事，让他们发挥无私的精神；给他们自由，为一个人做些原本希望为所有人做的事。

我想到一个关于莫尔顿牛排馆（Morton’s Steakhouse）的故事。当时彼得·山克曼（Peter Shankman）正要登机，他搭乘的是累人的转机航班。再过没多久就是晚餐时间了，他知道从机场开车回家的路上，肚子肯定会饿得咕噜叫。于是，他决定在这种情况下发挥一点幽默感，在推特发出以下推文：

嘿，@莫尔顿，你们可以带一块红屋牛排到纽瓦克自由国际机场来找我吗？我的班机两小时以内会降落。ok，谢啦！ :)

我真想看看他当时的表情——他一下飞机，就看见一位身穿燕尾服的男士，带着一个24盎司的莫尔顿红屋牛排、虾子、马铃薯、面包、餐巾与银制餐具。你想想看，在不到两个半小时的时间里，莫尔顿的员工必须留意到这则推文、想好计划、取得许可、让厨师动手料理，然后找人从最近的莫尔顿分店，一路开车，长途跋涉37公里，抵达正确的地点，找到他下飞机的闸门——这么一想，这个故事就更不可思议了。[4]

要是莫尔顿替每位饥肠辘辘的旅客准备免费的定制化晚餐，肯定会破产。但是，他们至少可以准许一位员工做这件不可思议的事，并且针对一个人提供他们心中想要给予每个人的服务。我们不知道这个描述慷慨无私之举的故事，会对这家企业产生什么样的影响。这个故事已经在部落格、新闻网站，以及商业杂志上四处流传，如今更是收录到本书中。到头来，不求报答的慷慨付出，终将让我们获得回报。

慷慨应是融入骨子里的习性，而非强加于人的规定

这种美德只有在融入你的组织特质时才会发挥作用。慷慨大方应该深植于你的骨子里，而非事后的想法或只是一时的反应。任何时候，只要我们团队的成员外出吃午餐，他们都会抢着付账。而且，不论何时，只要我们跟可能合作的厂商开会，通常都会拎一袋Sevenly的产品，当做礼物送给对方。我们这么做，并不是因为想要获得回报，只是希望在这些人际互动中呈现慷慨的体验。

当慷慨付出是你的本质，而非你做的事，你的企业自然而然就会流露出慷慨大方的特性。

鲜少有企业比在线零售商捷步（Zappos）公司更慷慨大方。他们为员工提供实时的减肥计划，允许员工报销费用；提供已预付费用的法律支持渠道；并备有休息室，万一有人需要睡一下，重新充电，就能派上用场。在他们的自助餐厅，有免费的三明治、沙拉、汤品、麦片和冰激凌，任团队成员挑选。

此外，捷步公司也以特别关照自己的顾客而闻名。他们提供免费的货运，让顾客免费退货。事实上，他们鼓励顾客一次订购多种尺寸，然后退回不合适的尺寸。如果订单有问题，位于拉斯维加斯的顾客服务团队会代表公司认真响应顾客来电。为了响应顾客个别的实际需求，这些员工绝不照本宣科。捷步公司为客服中心的每位员工提供七周的训练，教导他们如何让顾客满意，并且持续满意。

几年前，一位老太太刚经历“艰苦的治疗过程”，导致她两脚麻木，但对压力很敏感。她的旧鞋都不能穿了，于是老太太的女儿在捷步的网站上为她订购了六双鞋，希望至少有一双合脚。收到商品后，这位老太太打电话给捷步公司，准备退回那些不合脚的鞋子。

在电话中，老太太解释为什么她一口气退回这么多双鞋子。两天后，她收到捷步公司送的“祝福早日康复”花束，而且她们母女双双都升级为“捷步VIP会员”。[5]这家在线零售商并没有明文规定员工在这种情况下要送花，慷慨大方只是他们原本的个性。

慷慨大方是全面的付出，不只局限于金钱

世人最大的误解是，就算慷慨大方不完全指金钱上的付出，但也主要跟钱有关。如果你秉持这种信念，那么，你的企业慷慨付出的程度，就只会跟你的荷包深度成正比了。事实上，慷慨付出是整体的美德，与金钱并没有太大关系。

你可以慷慨付出你的天赋。举例来说，如果你是平面设计师，不妨贡献你的才能，协助非营利机构设计募款文宣。你也可以慷慨付出你的时间。例如，在当地学校辅导学生，或照顾老人。请你寻找合适的社群服务计划，让你的团队可以一起担任慈善义工。如果你的团队中有人需要帮忙搬家，或需要有人倾听他说话，请留在他们身边。你也可以通过协力合作，来扩展慷慨付出的范围。你可以与你的同事、甚至竞争对手（对，你没看错）合力，一起追求更大的利益。如果你对金钱以外的礼物大方，你在其他方面也会变得富足。

“模立送”（Molding Box）公司的业务是接单出货、运输与宅配到府。他们决定通过公司的雇用程序展现大方，开放录用有前科的人。创办人暨总裁乔丹•根西（Jordan Guernsey）说，每个人都应该拥

有第二次机会。比方说，以前抢过银行的人，如今可以在模立送公司工作。这项政策协助有用的人才再度融入社会，同时不可否认地也展现了慷慨大方的文化。

持续付出的信念

讽刺的是，虽是无私的付出，不论如何，最终往往会回报到你身上。当你对员工慷慨，他们也会对你大方。你永远都不必担心他们是否加班完成工作或说你的好话。而当你对顾客慷慨大方，他们也会有所回报。

吉列（Gillette）公司提供免费的刮胡刀给第一次刮胡子的青少年，因此赢得大多数青少年的心。福来鸡餐厅捐赠的三明治数量惊人。PDI知识网最近的抽样研究指出，试用样品计划（亦即好市多或山姆会员商店〔Sam's Club〕采纳的计划）促使业绩在活动当天提升475%。[6]让人们免费试用产品与服务的质量，将会促使他们回来光顾，以原本的定价购买。

美国在线影音服务供货商Netflix让顾客免费试看一个月，但当《纸牌屋》（*House of Cards*）首季播出时，这种试看服务却让华尔街忧心忡忡。这部影集由Netflix独家首播，预料将大受欢迎，而且，播出当天就一口气推出全剧十三集。当时，所有预测都倾向于担心消费者会为了免费试看而注册成为用户，而在狂看这部影集之后就取消注册。但是，为了免费试看而在当月注册的130万人中，只有8000人（0.6%）这么做。借着免费提供服务，他们在首购会员之间引发善意。[7]

当我们自由地付出，往往会发现，慷慨付出更像回力镖，而非单向射出的箭。

或者，想想潘内拉面包公司吧！这家公司最近开了只捐不卖的咖啡馆，顾客只需支付他们负担得起的价格——对落魄潦倒的人来说，这么做等于拉了他们一把。你心里可能猜想，他们肯定会因此散尽千金，但其实不然。根据这家三明治公司估计，60%的顾客按照菜单建议的捐献金额付款，20%的顾客付的钱低于建议金额，而20%的人付的钱却高于建议金额。[8]慷慨付出必有回报。

但要当心，“慷慨付出必有回报”的概念，描述的是这个世界的运行之道，而非付出的动机。在付出时，应该是出于对他人的爱，出于想要满足他人需求的心意，出于对“人最重要”的信念。当我们自由地付出，往往会发现，慷慨付出更像回力镖，而非单向射出的箭。

第11章

勇气带来可持续经营

你或许从未听说过像雷·C. 安德森（Ray C. Anderson）这样的企业家，他很可能是世上最勇敢的商业领袖。

鉴于现代办公室对铺设弹性地垫的需求，安德森于1973年创立了英特飞（Interface）公司。在一些外来投资的助力下，这家公司凭借着志向远大的愿景与十五名全心投入的员工，展开新事业。在五年内，这家公司的销售额就达到110万美元，并于1983年公开上市。英特飞持续扩张，触角延伸至欧洲与中东市场。在经历五十次以上的并购之后，他们成为世上最大的组装地垫制造商，工厂遍布四大洲，生意版图扩大至超过110个国家。[1]

从公司的历史发展轨迹来看，通常到了这个时间点，大多数身兼创办人的总裁都会开启自动驾驶模式，好好享受努力得来的成果。但是，安德森在20世纪90年代中期领悟到一个道理：公司不应该只追求利润，还应该重视人、制程、产品与地方。他抛出一个极端激进的愿景，引导公司转向全新的目标。这些目标为他们带来挑战，促使他们拥抱新思维，彻底改变商业模式。

落实这样全面的改变并不容易，尤其是这位总裁带领的公司销售的是尼龙之类的合成材料，而且重度仰赖石油化工产品。安德森光是召集特别任务小组来协助他落实心中的计划，就引发了强烈的反对声浪。

“他的话触发了泪水、愤怒、防卫心与激烈的斗智。”带领特别任务小组的吉姆·哈兹菲德（Jim Hartzfeld）回想当时的情景。[2]有些成员甚至暗示，英特飞的领导人已经无法掌握现实。

尽管如此，安德森依然坚守立场，以热切的恳求与令人信服的愿景，说服员工接受他的看法。“在这个人类与生命绵延不绝的长河里，我们都是其中一分子。”他在豁然省悟之后说道，“在我们短暂的生命周期里，我们若不是帮助这个维系所有生命的地球可持续发展，就是破坏地球的延续。道理就是那么简单。我们要选哪一条路呢？”[3]

幸好，英特飞的投资人与所有利害关系人，最终都选择追随这位打破传统的实业家，让他得以展开这项大胆的计划。

英特飞整合“人最重要”的信念

正如他们如今的使命宣言所说的：“我们将努力创造一家公司，不仅无条件尊重所有人，而且允许每个人持续学习成长。”[4]他们开始把焦点放在英特飞员工的快乐上，包括让组织架构扁平化，因此被《财星》杂志誉为“百大最佳福利企业”之一。

英特飞整合“真相必胜”的信念

他们直言指出，地垫产业对生态环境的危害毫无责任感，包括过度使用石油化工产品与产生太多废料。这家公司坦承自己也是问题的源头之一。英特飞旗下的工厂产生上百加仑的废水与将近一千种污染物质，他们发誓会加以改善。

英特飞整合“透明化带来自由”的信念

他们全心投入自己口中的“归零任务”（Mission Zero），目标是在2020年以前，消除所有公司对环境造成的不利影响。为了一直负责到底，他们选择透明化作为公司的价值之一，并在网页上公布所有进展，供顾客追踪。从1996年到2012年，在英特飞，再生环保材质的使用率从1%提高到49%。他们的温室气体排放量减少了将近一半，可再生能源增加到36%，大幅减少废弃物掩埋，降低水的使用。[5]

英特飞整合“忠于自我将赢得人心”的信念

这家公司拥抱创办人的特质，变得创新、冒险与大胆。世上没有一家地垫公司像英特飞这样，而员工都很喜欢公司独特的经营方式。

英特飞整合“质量会说话”的信念

他们在新的使命宣言中增加了以下内容：“我们将把焦点放在产品上（包括服务在内），持续重视制程质量与工业技术；而且，为了永远向顾客呈现卓越的价值，让所有利害关系人都因此获得最大的满足，我们将细心关注顾客的需求。”[6]英特飞继续引领整个产业，研发并整合新科技。他们的产品品质超越业界标准，为英特飞赢得了许多全国大奖。[7]

英特飞整合“慷慨付出必有回报”的信念

按照惯例经营事业，或许短期内会带来更多获利，但英特飞是放长线钓大鱼。他们慷慨投入资金，改善制程与产品，降低对环境的影响。除此之外，他们对员工变得更大方，不仅增加员工福利，而且还提供学费补助，让团队成员可以追求教育目标。

永远要确认你是对的
——然后勇往直前。

——大卫·克洛科特（Davy Crockett）
美国19世纪政治家暨战争英雄

雷・C.安德森在与癌症抗争近两年后，于2011年逝世，享年77岁。这位曾经公开自称“正在洗心革面的窃贼”（译注：他指的是当企业危害环境，就等于在窃取孩子的未来），身后留下市值11亿美元的地垫公司。这家公司如今仍在进行产业改革，并以他为名成立附属基金会，继续为有意义的事慷慨捐款。不过，更重要的是，安德森的勇气将流传于世——他的事迹就是最好的证明，让世人看见当一个人勇于梦想更美好的世界时，将会发生什么事。

恐惧烂透了

一旦你站在必须抉择的转折点，就会需要勇气——不论是成立公司或邀请女孩外出约会——恶魔通常就在近处蛰伏，等待完美时机，靠近你的肩膀，在你耳边低语。它的名字就叫“恐惧”。它将提醒你，这个抉择不实际、不方便、不符合经济效益或不明智。当然，你明知这些话值得商榷，但不知怎地，当“恐惧”这么说时，听起来却仿佛不祥之兆（或许，在阅读本章时，你脑海中闪过一个大胆想法，但“恐惧”已经说服你抛开这个念头）。

身为企业领袖，我与这位爱唱反调、害人裹足不前的恶魔曾有过数面之缘。当我还住在小公寓里独自创业时，很容易与恐惧这种情绪交手。但是，如今我不仅有了妻小，还有贷款、办公室与仰赖我的员工。

我现在每天都跟“惊恐”对战。

恐惧以各种形态出现，取决于我们正面临什么处境，以及正处于什么样的人生阶段。以下列出几种最常见的形态。

害怕改变

我们之所以始终用同样的方式经营事业，是因为我们说服自己，这些做法、策略与员工能让我们成功。如果你是个骗子，你说谎，是因为你认为这么做能让你成功。如果你欺骗别人，却因此获利，你很可能会把自己的成功归因于你做生意的手段。你赚的每一分钱，都成了不需要改变的理由。然而，即使诉诸恶习能为你多赚几块钱，但终究不是长久之道。

传统的力量强大，遵循模式的力量强大，维持一致性的力量强大，但是，当一切都是谎言与破坏，这些力量就会变成枷锁，最后成了刽子手。到头来，你若不改变，就会遭到淘汰。

害怕失败

你或许会说：“好吧，戴尔，这么做对你和Sevenly有用。但我不知道这对我和我的事业是否有用。”首先，我认为，好品德成就好生意，不论你是谁、你住在哪里、你何时出生或你从事哪个行业。但是，除此之外，我们还必须对彼此诚实。

你。

或许。

会失败。

但你不应该感到羞愧，因为你曾经竭尽全力，追求更好的商业做法、更好的制度、更好的世界。变成“重视人胜过利润”的企业，不只是为了成功，而是为了我们居住的世界，以及与我们共同居住的人们。我们是有影响力的人、管理企业的人，以及创造改变的人。这种人往往一再失败，但他们从错误中学习，不畏艰难，勇往直前。

害怕认错

很少有行为比道歉还令人痛苦。但是，承认我们何时在哪里犯了错，却是进步的关键。最近，我向投资人坦然认错，因为我未能多元化经营。这番话很难说出口，因为我希望他们认为我精明能干。但是，这么做才是正确之举。

恐惧比失败扼杀更多梦想。

——《人本获利时代》

当苹果推出地图（Maps）程序，用户发现这项产品比之前经过整合的Google Maps还差劲。其中最大的客户投诉是，这个应用程序老是引导用户前往错误地点——这可是致命的失误，毕竟该程序唯一的用途就是导航。苹果的总裁蒂姆·库克（Tim Cook）大可以无视这些客户投诉，默默修正错误，但他却代表公司公开道歉。

“在苹果，我们竭尽全力创造世界级的产品，尽可能为顾客提供最好的体验。上周推出全新的地图程序之后，我们觉得自己并未履行承诺。”库克说，“对于我们的顾客因为这个程式而遭遇挫折感，我们万分抱歉，我们正竭尽所能改善地图程序。”【8】

我相信发表这封丢尽颜面的信肯定十分痛苦，让库克觉得自己在竞争对手面前自曝其短，但是，他克服恐惧，选择做正确的事。现在这个错误早已成为遥远的记忆。

害怕未知

这种形态的恐惧最是凶恶，因为它诉诸企业组织的智慧。经商往往奠基于预测上，领导者花费多年时间学习降低风险，确保自己下的是安全的赌注。“你现在正功成名就，”恐惧在关键时刻窃窃私语，“但你不知道这个决定将对你的人生造成什么影响。”但是，那些称霸现代商场的人，会精心评估后再勇于冒险。

对我来说，人生中最悲伤的事，莫过于人们因为深陷恐惧中，而不敢追求梦想（或认清自己的梦想）。如果你学不会掌握恐惧，恐惧就会遮蔽你的心。恐惧会限制你的洞察力，限制你的选择，限制你的可能性。如果无法克服恐惧，勇于冒险，任何人都不可能创造辉煌成就。

每位领导者都必须选择，对自己而言何者最为重要：是勇气，还是安逸？

暗杀恐惧

采纳全新的做法确实让人害怕。当我想要成立一家充满革新价值的公司时，我不知道怎么做才能成功。当我们每销售一项产品就捐出7美元，或者以高于业界的标准支付员工薪资时，我不知道这家公司要怎么存活下去。如果你下定决心要在生活和工作中改革创新，你或许也会感到害怕。在商场上，并非人人都能采纳这七大理念，原因就在于这些信念难以落实。我们之所以称为“打破系统循环”，正是因为这么做相当困难且带来痛苦。

但如果你是领导者、经理、创业者，请振作起来。你已经非常勇敢了。你天生就有活出勇气的基因，你拥有创造改变的才能，否则的话，你现在早就置身于堆积如山的垃圾里，而不是坐在办公室里加班了。你只需要释放内在早已存在的力量。

为勇气创造空间

请现在就为日后勇敢的决策预留空间。若稍不留神，领导者的行程表往往就会迅速填满，因此我一直确保生活中有足够的余裕，可以让我大胆冒险。我们不免受到诱惑，可能因此退缩、采取守势、自我防卫，然后进入自动驾驶模式。如果你没有刻意为勇气创造空间，这种事不可能自动发生。在Sevenly，我们拨出预算来测试新产品，准许员工把时间花在梦想上。请你用同样的方式对待自己。

现在就开始计划

只要经过深思熟虑，面对大胆的决定时就不会畏缩不前。向有过类似经验的人请教，然后精心拟订计划，实践你想象的愿景。若想成为智勇双全的领导者，不只要够大胆，还必须冒正确的风险。善加计划能够帮助你达成这个目标。

创造安全网

我在成立Sevenly时相当恐惧。当时我坐下来，思考在所有认识的人当中，在我创业失利、一败涂地之后，可以转向哪些人求职。我把那张字迹潦草的清单折起来，收进书桌抽屉，这样一来，我就可以勇往直前了。即使现在公司的年度总收入已经高达上百万美元，我依然会在诸事不顺的日子，拿出那张清单，告诉自己："如果这么做不会成功，我还有点子与其他选项。所以，今天我不妨鼓起勇气。"

同样的，当Sevenly成立满七个月时，我们投注12.5万美元在种子投资上。我们决定不动用这笔资金，固定存在储备账户里。此举让我们得以继续投入一些大冒险。或许你也需要做同样的事，写下你的备案，或为自己建立经济上的保障。在过度紧绷的钢索上行走，却没准备安全网，只会使危险加倍。

邀请别人和你一起面对恐惧

对抗恐惧最好的方法，是找人来和你一起面对恐惧。当你独自面对时，恐惧会变得更加可怕。在Sevenly，不论何时，只要我们正在做困难的决定，我们就会召集满屋子的人。倘若单打独斗，我势必会战战兢兢。一旦有人陪我一起往前走，就可以更轻松地迈开步伐。

"在这些时候，正需要大胆无畏、勇敢自信的领导力。"真实领导联盟（Authentic Leadership Alliance）总裁苏珊•塔达妮可（Susan Tardanico）在《富比士》杂志中写道，"诚如历史所示，那些在经济衰退时还有胆子往前迈进、愿意冒险并引领改变的人，将会在经济复苏时成为赢家。"[9]

如果你什么都不改变，
一切都会照旧。

——《人本获利时代》

让企业转变成“重视人胜过利润”，或许代价昂贵，也需要时间，但这么做绝对值得。就像你雇用一位技工来改装车子上的空气净化器，结果却发现汽缸垫片需要清理干净、发电机快要坏了、排气管岌岌可危。如果你不想付这笔钱，这部车还可以再开一阵子，但是，当你做了所有必须做的事，确保一切正常运转，这部车开起来会更顺畅。所谓“勇气”，是拥有锲而不舍的力量，即使面对冲突、恐惧和昂贵成本，都能坚持原来的想法。

雷·C.安德森过世后，英特飞完成转型，秉持革新的价值观，比过去更加成功。他们依然是弹性地垫最大的制造商，旗下员工超过八千人。雷·C.安德森过世那一年，他们第二季度的利润高达1280万美元，成长幅度将近70%。【10】

关于安德森，英特飞新任总裁暨总裁丹·亨德里克斯（Dan Hendrix）表示，“他勇于尝试，大胆改变整个产业。安德森无疑是怀有远见的梦想家。”【11】

倘若雷·C.安德森如今仍在世，他肯定会告诉你，尽管做那些勇敢的决定让人畏怯不安，但真的非常值得！

所以，请大胆前进，鼓起勇气吧。未来，你会很庆幸自己这么做。

第三篇

永远打破系统循环

当我端坐桌前，执笔撰写前一章时，我打算以杰西潘尼（JCPenney）连锁百货公司这个正面例子作为开场白。于是，我做了一点深入研究，发现这家公司有些严重的争议值得一提。举例来说，2011年，该公司支付给总裁罗恩·强森（Ron Johnson）的薪资高达5330万美元。[1]总裁与员工的薪资比例落差高达1795：1，《洛杉矶时报》以“肮脏下流”来形容，可说是再贴切不过了。[2]

杰西潘尼已经着手修正这种不公平的制度，但是，这件事让我不得不思索一个重要的问题：如果对于前述的七大理念，一家企业只是部分采纳，而非全盘接受，那么，这算得上是“重视人胜过利润”的公司吗？

“重视人胜过利润”的公司
必须全盘接纳七大理念。

——《人本获利时代》

许多公司秉持两项或三项前述理念，却忽视其他理念——通常是追求最容易实践的理念，或是最不费力、可以自然而然落实的理念。万一有家公司是世界上最忠于自我的公司，却欠缺勇气，会如何呢？倘若他们勇气十足，销售的产品却很糟糕，又会如何？或是他们财务透明，却在广告中添油加醋、模棱两可呢？

打破组织行为系统的循环，意味着直接关闭这个系统，让循环到此为止。为了打破循环，你必须推翻整个系统，展开全新的改革。如果对发展新行为兴趣缺乏或不够投入，是不可能成事的。转变成“重视人胜过利润”的公司就像烤蛋糕，你放了分量正确的蛋、面粉与盐，但如果没放糖，到了派对上，肯定没人想吃。

不过，结合这七大理念之力，就能打破这个循环，而且，还可以一劳永逸，并非只有短期见效。

确实有可能创造一个永远诚实的世界，在那里没有“诚实时期”，诚实再也不是一时的状态，而是一切事物的本色。我们可以创造崭新的可持续未来，人们负起企业责任，市场敬重顾客，而“资本主义”再也不是肮脏的代名词。

只要在个人生活与专业职场上力行这七大理念，你就有力量创造可持续的未来。在那里，将由承诺说真话，带给世界正面影响与重视人的人主导市场。最后所带来的实际效果是，你终将活出生命的意义，创造更大的成就，你创造的美德将在你身后流传于世。

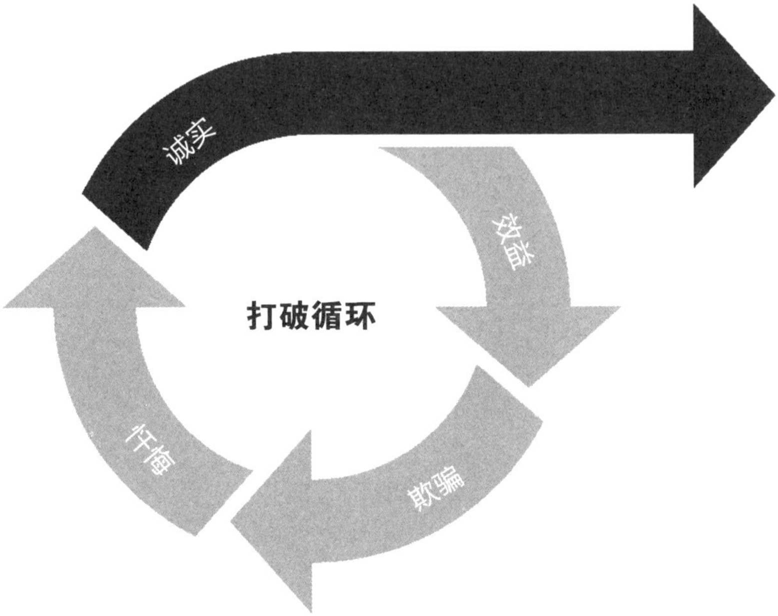

你应该从何着手呢？

首先，必须正视自己目前的状态。你的企业、团队与家庭正进入哪一个时期？虽然人通常都有种直觉，能够意识到自己的处境，不过，回答这个问题还是需要一点研究调查。

一旦认清自己的处境，就必须决定如何迈向你想要达到的境界。你应该从哪里开始？你和你的企业现在秉持什么样的信念？你的家庭生活又如何呢？这些原则不只适用于职场，对于你的支出和社交习惯也相当有用。在下班打卡之后，你如何活出自己的信念？

还有对未来的预期又如何呢？需要多久才能完成转变？企业由人组成，员工越多，改变的速度就会越慢。一旦公司高层买你的账，改变的速度就会加快。你要怎么做，才能让那些位阶比你高的人愿意和你并肩作战，追求更好的事业、更好的行为与更好的系统？

不论你是实习生、创业者还是部门经理，都可能创造改变。不论你是为杰西潘尼这样的大型企业效命，还是经营自己的精品花店；不论你雇用的员工是两名，还是两千名；不论你是经手上百万美元的预算，还是到处筹措种子资金……这些都不是重点。

创造“重视人胜过利润”的世界，要从你自己开始，从你当下的处境出发。

第12章

活出充满善意的好日子

在你的公司，谁是力量最强大的人？是总裁？还是董事会？抑或是大股东？都不是。你的顾客才是力量最强大的人。这些人能让你的公司倒闭，也可以把你推上难以想象的高峰。他们不是带给你生命力，就是给你致命的一击。拒绝认真看待顾客的人，将亲手写下自己的灭亡。

认清这个事实，不免让人感觉自己有点无足轻重，但同时也带来难以置信的掌控权。因为，你也是顾客。也就是说，你是市场上力量最强大的人之一。

你花钱的方式，将左右谁继续营业、谁即将倒闭。你和社交媒体的追踪者如何谈论一家公司，或者茶余饭后与朋友闲聊、家庭聚餐时，你对一家公司有什么评价，都会左右这家公司的未来。你做的决定将影响定价、对质量的期待高低，以及产品的销路好坏。

你也许是创业者或老字号公司的领导人，但你同时也是购买帽子与汉堡、电影票与按摩服务的消费者。即使你的老板今天开除你，你依然是消费者。即使你决定成为家庭主妇或家庭主“夫”，你依然是消费者。当你退休时，你依然是消费者。只要你还在呼吸，你就是消费者。

而这意味着你手上握有最强大的力量。

为了打破系统循环，我们首先必须学习如何成为好的消费者。但是，大多数人在市场消费时都十分消极被动。他们在购买和挑选商品时，没有太多想法或意图，或许只有考虑价格时例外。

请回想你上一次去购物的情景。你有多费心思考购物清单上的产品是否采用环保包装设计，或者，推出这项产品的公司是否支付给负责生产的制造商与农民合理的费用？你有没有想过这家公司是否透明化、诚实与可靠？你放进购物车的商品有没有印着模棱两可的说明或煽动人心的广告标语？

运用你拥有的一切，
在你的位置，
做你能做的事。

——西奥多·罗斯福（Theodore Roosevelt）

大部分消费者不是盲目购买，就是过于天真、容易受骗，或是机械式地掏钱。很少人是在意图明确且信息充足的情况下，购买那些重视并鼓吹一套信念或道德标准的商品。

要是你对自己购买的每一项商品都要求绝对的质量，即使你必须因此花更多钱，会如何？要是你在面对两项类似的产品时，选择的基准是哪家公司更具备慈善精神、更慷慨大方，又会如何？要是你挑选的产品来自善待员工、总裁与员工薪资比例合理的公司，又会如何？要是你说服你认识的所有人都这样做，又会如何？这些决定可能会对市场造成什么样的改变？

行动很重要

为了打造“重视人胜过利润”的世界，我们必须凭借一些好方法，成为有意识的消费者。

购买善意

每年，美国家庭平均在市场上的花费超过5万美元。[1]那可是一大笔钱，换句话说，也是一股庞大的力量。为了创造更美好的世界，你必须把钱花在符合你价值观与信念的产品和服务上。请成为抱有怀疑态度的消费者。阅读标签上的说明，如果上面有些成分你不知道怎么念，好好调查一下。请谨记在心，即使是好产品，也不代表来自优良的企业。千万别被空洞的营销手法骗了。如果有公司滥用“全天然”这类非正规的词汇，务必要小心注意。调查研究一些你常光顾的公司，列出你的优先顺序，以及哪些是你无论如何都要支持的公司。

这么做有时候并不容易，尤其是若你住在偏远的地方或你领的是固定薪水。几年前，我和太太薇若妮卡搬到山上居住，在那里，我们可以挑选的商品有限。但是，只要一有机会，我们就会好好把握。确实，这些商品比较昂贵。不过，诚实和正直通常很花钱，健康也是如此。为了向更好的公司购买更好的商品，我们必须缩减其他地方的预算。从防臭剂、牙膏、农产品到清洁用品，我们都试着支持怀抱七大理念的可靠公司。这就是精彩之处：这些产品几乎总是更好。所以，我们对于自己做的决定相当满意，即使为了这些决定而有所牺牲，心里也甘之如饴。

幸运的是，最近有股趋势开始风行，特别是在有“千禧时代”之称的年轻人之间，大家开始发挥自己对商品的市场影响力。2012年，47%的消费者表示，每个月，他们至少购买一样热心慈善公益的品牌商品（比起2010年，提高了将近50%）。【2】但是，倘若这47%变成97%，又会如何呢？假设这些标准应用在他们购买的所有商品呢？

你开始能综观全局了吗？你花钱的方式非常重要。

付出善意

你的慈善捐款与花钱的决定一样重要。但是，请务必深思熟虑：如果你不是积极主动地参与，就不要捐款。我有位好友每个月预留20%的钱，存进一个特别的账户里。他存款时，还不确定这笔钱会用在哪里，但是，这么做让他有能力在有人需要帮助时伸出援手。这个账户用来捐款给教会和慈善团体，帮助穷困潦倒的朋友，花费在随机的善行上。

而付出不只局限于金钱上的实际付出。你是否有意识地善用你的时间与才能？就像有人会预留一定比例的收入，作为慈善捐款之用，我也有一个隐形账户专门储存时间，让我可以捐献自己的才能与时间给推广慈善的企业。比方说，我每个月都会付出大把时间免费演讲、撰稿和做义工。你不可能为每个人做每件事，因此，请花点时间写下你所认同的企业与慈善团体，然后，朝那个方向付出你的时间与才能。

分享善意

如今，72%的消费者表示，他们会向人推荐热心慈善公益的品牌。【3】你是其中之一吗？在商业市场上，影响金钱流向最大的推动力之一是口碑。根据市场研究公司尼尔森（Nielsen）的调查显示，在推荐商品时，口耳相传依然是最受到信赖的消息来源。【4】你如何善用你的声音，助长“重视人胜过利润”的七大理念，让坚持这些信念的企业得以壮大？

如果别人得知你知道的事，他们就会跟你做一样的事。

你不妨花时间打电话给购买同样物品的朋友，向他们推荐商品。在评价网站注册为会员，或下载使用Yelp、Foursquare与Urbanspoon之类的应用程序。在社交圈引起讨论声浪，将提高投资回报，并促进在线搜索引擎的活力。[5]

你具备艺术天赋吗？不妨制作一部纪录片，呈现一个在市场上惨败或创造卓越产品的产业故事。你常上社交媒体吗？请尝试在推特上介绍优良的品牌和企业。你是部落客吗？当你发现出错或值得嘉奖的事，请与你的读者分享。

口碑并未失灵。但如果“我们这些人”停止发言，口碑就会失去作用。我们必须发挥人际网络与发表意见的影响力，揭露社会中的坏事，宣扬好事。正如我常说的，如果别人得知你知道的事，他们就会跟你做一样的事。但是，如果你不说出自己知道的事，他们就不可能得知。

我的梦想是举家搬到美国俄勒冈州本德镇，那里的噪音比较少，没那么拥挤，也比较少令人分心的娱乐。对我而言感觉是适宜人居的理想地点。我不是那种疯狂的超级嬉皮，但我渴望更自然的生活。我太太和我计划多多种植自己的食物，养一些动物，自己发电自己用，还有许多现在购买的产品，日后都希望能自行制作。

但是，即使我们无须依赖任何公共事业供水供电，自给自足，我们依然是握有强大力量的消费者。我们依然必须购买床垫、空调设备与汽油，我们依然使用手机与计算机，我们依然偶尔外出用餐。我们承诺，绝不忘记自己是市场上力量最强大的人之一，而且我们永远具备这种身份。你也是如此，不论你赚多少钱、住在哪里。

所以，去吧，活出充满善意的好日子。

你的世界将因此而更加美好。

第13章

开创善意事业

人们一旦发现更好的经商之道与改善生活的方式，通常就会摇身一变成为开创者。这种创立一家公司、俱乐部或非营利事业的渴望，从他们内心深处往外迸出火花，为更美好的世界点燃星火燎原之势。难怪在21世纪的经济市场上，创业被视为最大的趋势之一。

“每当这个世界似乎分裂成更小的团体，各自主张权利；每当全球气候变暖成为备受争议的威胁；每当暴力正在盛行，创业精神都可提供解决之道。”史蒂夫·施特劳斯（Steve Strauss）在《今日美国》（USA Today）专栏中写道，“创业精神的重点在于创造，而非破坏。创业精神指的是运用创意、团队合作与才智解决问题。创业精神得以建立凝聚力，让我们进步。”【1】

通常在经济衰退之后，就会出现一股创业潮，因为有能力的人失业了，必须想办法赚钱。他们宁愿梦想踏上自己的路，也不愿意再找一份朝九晚五的工作，为人作嫁。他们想象着，倘若剔除了产业里常见的缺点，再来经营事业，会出现什么局面？如果这份渴望酝酿够久，他们打算创立更好的企业——在这些企业中，曾经让他们一败涂地的过错，都会改正过来。

20世纪以来，鲜少有时刻像这个时候，新创事业如雨后春笋般成立。美国刚脱离经济大衰退，消费者信心与对心爱企业的信任动荡不安，市场渴求另一种替代方案。人们乐于采纳新点子，尝试全新的解决之道。数字时代与社交媒体的兴起，创造了公平竞争的环境——在这样的环境中，一些拥有忠实粉丝基础的小型企业，规模虽小，却斗志旺盛，争取市场曝光率的能力不亚于握有数百万广告预算的大型企业。

这股创业的趋势与社会责任的趋势同步发生。企业渐渐感到压力，必须设法让自己的产品与服务带有“慈善的性质”。美国各重点大学，包括西北大学、斯坦福大学与贝勒大学，都针对社会企业与企业责任，开设课程、专修学程与主修科系。

我相信，此刻我们正置身于新时代的转折点，人们期待每一家企业都致力于改善世界。以往创立公司时，企业大亨只为追求利益，不曾为社会着想。如今这些往日时光将成过去。在我想象中的世界，当父亲买玩具给儿子时，孩子会问：“爸爸，买这个玩具可以做什么善事吗？这

基本上，世上没有坏公司，只有恶劣的领导者。

个玩具支持什么慈善团体？”我相信，在我们即将迈入的时代里，市场上大部分的产品都会以某种方式改善世界。至于那些看起来毫无意义、格格不入的产品，将不再受到消费者信任，面临边缘化的危机。

“你的企业甚至没打算对社会有所贡献。”顾客可能会这么说，“你为什么不想做善事？你必须加入大家的行列，或退出市场。”

我们已经告别过去的资本主义，开始转变。以往，整个市场都致力于针对问题，创造令人满意的解决办法，并且尽可能赚越多钱越好；到了崭新的资本主义时代，市场寻求的目标是追求使命，实践社会公益，并且因此而获利。西方的经济体系饱受批评，但真正的问题不在于资本主义，而是不负责任的资本家利用了这个体系，滥用大众的信任。基本上，世上没有坏公司，只有恶劣的领导者。

资本主义是美好的。前提是，领导者要懂得关心，具有同理心，心中考虑的重点不只是利润盈亏。

了解这个新世界的关键在于，致力于开创善意事业的创业者。

停止抱怨，
动手开创新局面。

——《人本获利时代》

你或许在Etsy开设了一家网络商店，以“买一捐一”的模式销售手工编织的毛线帽；或在闲暇时，运用回收再利用的木材，制作质量更好的厨房餐桌；你或许发起创举，在你的城市安排车库拍卖，将利润都捐给反性交易的机构；或刚刚创业，销售定制化珠宝，但拒绝不要脸地抬高售价……尽管那是市场上常见的做法，无论如何，你都必须好好创业，正派经营。

猛踩油门，但系好安全带

我本身就是创业者，十分清楚那种难以抗拒的冲动与渴望，让你一心只想经营更好的事业。此外，我研究了许多秉持七大理念的新创公司。从他们与我的经验中，由此归纳出开创善意事业的四项诀窍。

1. 现在就开始行动

一旦创业者决定好自己想做的事，通常都会卡在如何进行的问题上。如何在网络上大量曝光？如何找到合适的厂商，而对方提出的报价在可负担的范围内？如何打造切实可行的供应链？如何申请注册营业执照？如何申报营业税？种种问题，充满了不确定与复杂的因素，都会拖延创业的进展。这番启发人心的见解，来自我新成立的“创业营网站”（StartupCamp.com）。这个网站为想要大展抱负的创业者、部落客与梦想家，提供会员制的教育学习园地。

创业者往往不自量力，承担过多责任，同时又希望自己能够迅速学习成长，发展出足够的能力，担起这些重任。

过去几年来，我见到最优秀的创业者——其实是我遇到的每一位创业者——都是从做中学，而非学习怎么做之后才行动。他们不会等自己拿到专业领域的博士学位，或等到读完所有基本的商业教科书，或等到户头里存了大把现金，才开始行动。他们会一举跃入深潭，善用自己所有的技能与知识，发狂似地用力踩水。创业者往往不自量力，承担过多责任，同时又希望自己能够迅速学习成长，发展出足够的能力，担起这些重任。

如果你陷在如何进行的问题上，需要一份正式的同意书才能往前迈进，不妨考虑这项提议。当你感觉到对于未知的恐惧，那通常是种征兆，提醒你必须踏入令你反感的领域，而非逃避。恐惧的反面恰好是你期望的人生。不论你期望的是创立慈善事业、追求理想目标、邀女孩出去约会还是创业，恐惧都会引你远离心中渴望的一切。所以，请回过头，大胆冒险，放手一搏，现在就开始行动。

2. 开始正派经营

在创业者的字典里，最糟的词汇之一是“总有一天”。尽管创业者可能在崇高的动机下创立新事业，但刚开始还是会受到诱惑，对这些核心承诺有所妥协。不要相信这种谎言：之后等你有足够的利润、盈余或曝光率，你就会做“好事”。你不会这么做。正如慷慨付出一样，做好事必须是融入骨子里的习性，而非强加于人的规定。因此，就按照你期望总有一天会实现的愿景，现在便开始正派经营。

3. 自豪地开创事业

在你的新事业里，善意应该是最优先且最核心的要素。不要隐藏这些善意，而是彰显你在每件事上的善意。如果你为了在当地制造商品，花了许多钱，为什么你不大胆告诉大家？如果你使用再生材质，为什么不在包装上印出再生符号？如果你捐出一定比例的利润作为慈善用途，为什么你不想让顾客得知？

抓起你的扩音器，大声嚷嚷，不要低声细语。引起一场大骚动，让那些没有行善的企业胆战心惊。你的企业所秉持的善意，不该像是客厅沙发上装饰用的靠枕，而是房子正前方亮红色的大门。

正视恐惧，
不管怎样都去做。

——《人本获利时代》

4. 不要停止创业

我察觉到卓越的老字号企业有个特色，他们永远都表现得像新创公司一样。最好的例子就是从事快餐业的福来鸡。撇开他们的企业政策不谈，这家缔造传奇的鸡肉三明治企业，拥有全美市场最忠实的顾客群。而他们之所以能建立并维持这样的顾客关系，凭借的方法就是保持创业心态。福来鸡持续在义卖活动与电台的有奖征答活动中，捐出免费三明治给企业与非营利组织。如果你是首批在新分店用餐的顾客之一，福来鸡甚至会提供一年的免费鸡肉三明治给你。麦当劳不做那种事。但是，新企业总是会赠送免费产品，借此换来口碑推荐。

另一项卓越企业常见的创业风格是，他们倾向合作，而非竞争。资本主义告诉我们：我们不应该与任何人合伙，一切都是私有的财产，任何团队以外的人都是敌人。我之所以找与我公司类似的企业领导人来为这本书写序，自然有我的用意。我们不认为彼此是竞争关系，我们其实在同一艘船上。

卓越的企业也抗拒精英心态，而是保持新创公司的谦卑姿态。举例来说，全时超市一直在寻找规模虽小却斗志旺盛的供应商，希望建立新的合作关系，而且也乐于支持未知的品牌。他们拒绝巴结大厂商，不愿以精英心态经营企业，反而选择当地特色，让每个地区的分店感觉起来都像自己的全时超市。尽管他们规模很大，却依然保持谦卑。你也应该许下承诺，永远不要让公司茁壮到失去当初创业时的热情与原则。

如果你感应到召唤，呼唤你开创事业，恭喜你。当你的工作不仅是工作，而成为一种使命时，那是很美好的事。你的生活会因此更美好，与朋友的感情也会更好，而且你原本热爱的事物会自然而然地扩展成你的事业。一家好公司的意义远远超越一份工作，尤其是你生来便要实现这个使命。因此，我必须在此向同是创业者的你脱帽致敬。当你立刻行动，正派经营，对自己的善行引以为傲，永远保持创业的心态，你就是在协助创造更美好的世界。当然，你同时也在创造更好的自己。

第14章

带头行善

一旦你下定决心，想要秉持“重视人胜过利润”的心态生活与工作，最重要的问题就会浮现：“你感受到的召唤是要你留在原地，还是开创事业？”只有你能回答这个问题，而你势必要慎重考虑，静心祈祷，和家人、良师益友好好讨论一番。

如果你感受到的是创业的召唤，你要知道，你或许选了相对容易的路。对，你没看错。大家往往认定创业者很有勇气，但那些受到召唤留在原地、从内部改变的人，有时才是最勇敢的人。比起治疗罹患癌症的老人，让小婴儿从出生开始就保持健康，反而更容易。同样的，创立更好的企业，然后保持下去，反而相对容易；那些积重难返的公司，试图力挽狂澜，可就困难多了。在一家数十年来（或更久）都朝反方向快速前进的公司，你若想逆流而上，势必需要莫大的勇气。

因此，如果你效命的老字号企业似乎卡在效益时期或欺骗时期，千万不要——我再说一次，千万不要辞职了事。请先听听你感受到的召唤是否要你留下来。我们必须在破坏力量强大的企业里小心安插间谍，让他们帮忙从内部渗透，成功改变那些企业。

如果你是那个人选，而你感受到的召唤是要你留下来成为间谍，从这头企业怪兽的肚子里开始创造改变，我想先提醒你。有时候，同事与主管们日渐升高的抗拒心理，将让你感到自己白费心思，徒劳无功。这种处境或许会让你情绪低落，甚至连你的工作也会有危险。你为自己选择了一条正确却更艰难的道路。但是，只要你处理得当，就会创造出惊天动地的成果。

如果你不相信我，不妨问问汉纳•琼斯（Hannah Jones）。她是Nike（耐克）企业可持续经营与创新部门的副总裁。1998年，琼斯加入这家公司时，很少有人把Nike和“可持续”这个词连在一起。当时这家公司正饱受全球批评，指责他们在生产流程与供应链管理上造成社会不义。

在为Nike效命之前，琼斯曾在BBC工作，负责社会运动；她也曾为一家非政府组织担任说客，负责艾滋病（AIDS）/人类免疫缺乏病毒（HIV）与种族歧视等议题。对她来说，留在认同她理念的公司比较容易。相较之下，前往一家肯定把她当做标靶的公司工作，必定更加困难。但是，琼斯接下为Nike效命的工作，而她任命的部门当时称为“企业责任”。[1]

琼斯着手开放沟通渠道，对象不仅是批评Nike的人，还包括学者与非营利组织，他们能够协助这家企业，脑力激荡出改善之道。他们开始提出各项议题，从员工的权利、可持续材质，以及在网版印刷时减少使用有毒的化学物质，等等，全都包含在内。

“第一个有违常理的时刻，是我们拥抱透明化的时候。”她说，“下一个有违常理的时刻则是，当我们说：‘你猜怎么着？我们也即将为自己的所作所为负起责任。’2006年，我们有史以来第一次公布设厂地点。这一刻也显示我们甘冒非竞争性的企业风险，改变整个体系。”[2]

可持续……

透明化……

负起责任……

给予员工荣耀与肯定……

改变整个体系……

以上述这些字眼开头的句子，听起来耳熟吗？

你可以提议减薪，这样一来，就可以让你底下一位薪资微薄的员工获得加薪。

如今，汉纳·琼斯带领140人的团队，在这家全世界规模最大的运动鞋与运动服销售公司，致力于可持续经营。现在这家公司公开发表企业责任报告，并成立“Nike改善世界”网站（Nikebetterworld.com），好让消费者追踪他们改善企业做法的成效。在她的监督下，Nike从过去那个造成社会不义的企业罪犯，摇身一变，成了带领可持续经营的先锋，从此备受赞誉。

Nike还有成长的空间，但是，若不是琼斯决定从企业内部带头行善，这家从任何数据来看都显然无法以“重视人胜过利润”原则来经营事业的公司，就不可能完成转型的过程。

如果你自认为是你公司里的汉娜·琼斯，请列出一些开始的方法。

战争的艺术

别忘了，你对抗的不是普通的感冒，而是癌症。一旦你逼得太紧，就会引起人们反扑的力量。你必须有条不紊，精打细算，多试几种解决问题的良方，直到发现有效的办法。有时候，为了救命，你必须先让宿主濒临死亡。

精心拟订攻击计划

任何计划都好过没有计划，而且，一个精心安排的计划也好过临时拼凑的计划。你的攻击计划越周详，成功的机会就越大。

不论是什么样的攻击计划，第一步都是以身作则。人们在相信之前都必须亲眼目睹。为了你的属下、同事与主管，你必须以身作则，活出你的信念。你提议全公司采用资源回收计划吗？带一个蓝色的资源回收垃圾桶到公司，四处收集废纸、玻璃与铝制品，然后下班时带回家。你是主张总裁与员工薪资比例应该更加公平的高级经理人吗？你可以提议减薪，这样一来，就可以让你手下的一位薪资微薄的员工获得加薪。

想一想，谁可能成为你的盟友，你又要如何与他们建立同盟关系。你不可能独力完成这件事，所以请定期与他们碰面。此外，你还要确定谁是你的敌人，还有你可能会遭遇什么样的阻碍。好好思考如何避开这些绊脚石。

一旦你拟好计划，请保持弹性。世上没有任何计划会完全按照你的期望进行，你十之八九得要沿路调整。

缓慢但稳定地进行

如果你打算让公司转型为“重视人胜过利润”的企业，就必须建立可衡量的明确目标。对于在内部创造改变的人——我们称为“内部创业者”（intrapreneurs）——世人最大的误解是，他们设定的目标必须充满戏剧色彩。但是，改变并非一蹴而就，不需要在一夕之间完成。

内部创业者通常想要射下星星，登陆月球。但是，他们若沉溺于改变世界的渴望，就会错过改变单一流程、政策或生活的大好机会。“重视人胜过利润”的挑战在于，一开始要慢慢采纳七大理念，然后效法砌砖工人，稳健地施工。每个月、每一季或每一年，你就放上一两块砖头，一直持续建筑，但有时放慢速度。

或许，今年你要求作业规范必须合乎道德标准。明年，你也许就开始支付员工合理薪资，或提高产品质量。之后，你可能开始想方设法，让公司财务变得更透明化，也更可靠。这么做需要每日服下勇气与纪律的良方，但只要一步步进行，终将有所进展。

未能做好计划的人，
注定失败。

——谚语

愿意置之死地

你已经做好心理准备，自己将会失去朋友、遭到抵抗，甚至丢了工作吗？如果是的话，你就准备好往前迈进了。转变需要勇气。因此，当你看到改变的契机，请立刻把握。不要害怕向总裁提出开会的要求。此外，详细记录你正在做的每一件事，以防万一你遭到解雇。如此一来，你便能向别人证明，你只不过试图改善公司，让公司更成功，这正是每一位优秀员工的终极目标。

同时，你还需要服下高剂量的“情绪成熟”药方，才能往前迈进。你必须清楚何时该闭嘴，何时该停止逼迫。学习理解对方的立场，而非沦为批判。历史上有些最优秀的领导者，往往恩威并济。

带头行善是一趟困难重重的危险旅程。一路崎岖不平，往往必须绕道而行，路上还不乏想要伤害你的盗匪横行。这趟旅程永无止境，即使你的时间将尽。但是，如果你能够成功走过这条路，这个世界将因此变得更美好。

第15章

即使是好公司也会败坏

2014年4月8日，我遭到Sevenly解雇。

当时我坐在艾尔托力欧（El Torito）餐厅里。身边的两位投资人，几个月前我才刚带他们进董事会，现在他们告诉我，他们准备带领公司朝不同的方向前进。在这个全新的愿景里，我在领导体制中并非关键的一分子。他们说了重话，而在我的认知里，这个决定与处理决策的方式来自“重视利润胜过人”的心态。这个改变立即生效，他们早已计划好当天稍后要通知Sevenly的团队这件事。

我非常震惊。

难以置信。

我备受打击。

我想要悄悄溜走，放弃一切，或是大哭一场，大声抗议。但是，不论怎么做都无济于事。尽管我是老板，但我持有的股份不到51%，我完全无能为力。这个决定早已成定局。

无数的人发现自己置身于同样处境，或许你正是其中之一。你把一部分生命的精华献给你所热爱的事。你为此有所牺牲，你付出血汗，不知因此流了多少眼泪。数不清的深夜与清晨，全数奉献给这个目标。不过就在转眼间，一切烟消云散，就像干掉的沙子，从你的指间滑落，只剩下残渣，徒留往日回忆。

到头来，即使是好公司也会败坏。

虽然这么说，但我的意思不是指Sevenly不知怎地变成坏公司，不再秉持我们当初创立时的信念与原则。我的意思是，即使是最好的公司，也会让你个人感到失望。他们可以改变、茁壮和成熟，随着时间过去，最后不再适合你。季节或许会交替，就像快如闪电的冬天，而你发现自己不再适合这个时节。音乐或许会停止，而你发现再也没有属于自己的位置了。

在这种时刻，你应该怎么做？你应该如何响应？

在这世上，根本就没有令人满意的诀窍或简单的方法，可以让人完美地面对这种逆境。有时候，人生这颗“柠檬”，就是挤不出足够的原汁来做柠檬汁。而且，即使你正确地响应，也不能保证最终行得通。但是，回顾过去，我相信有几个重要的教训，可以帮助创业者与员工准备好应对这种情况：

1. 明智地挑选伙伴

协助你执行公司任务的人，几乎与任务本身一样重要。在你接受投资人的资金之前，要先好好思考；而且，每次雇用新人时，都要仔细考虑，不论你认为那个职位有多“重要”。你身边的团队是关键，他们将协助描绘你的未来。不要忘了，即使他们是优秀的人才，也不代表他们是合适的优秀人才。

2. 你就是你

企业领导人和创业者最大的自我欺骗是：“我等于我所做的事。”随着这番对话，我深深意识到过去我把自己与公司画上等号，没有完全区分开来。我是Sevenly，而Sevenly就是我。公司的DNA和我的遗传基因不仅一模一样，而且合而为一。结果，这个消息影响的不只是我的头衔，我的自我认同也连带备受打击。

所以，你就是你，你不等于你所做的事。永远要谨记在心，你的身份不等同于你的头衔或专业成就。这会帮助你成为更健全的领导者，以成熟的态度与冷静的头脑来应变。

3. 承担你的失败

每当你在人生中遇到令人失望的事，往往就会责怪别人。但是，凡事都是一体两面，所有人生际遇也一样。一旦有人辜负了你，其他人就认定你也会辜负他们。事业上的危机是最好的机会，可以展现个人的应对之道。我犯了什么错？怎么做可以做得更好？我的人生需要什么样的改善？

当我回顾带领Sevenly的时光，我领悟到当时的自己常是个错误百出的领导者。我做错决策，当时我身边尽是天赋优异的人才，却并非总是合适的人才。我让公司充满我的个人色彩，有时候我会因此看不见大局。当我应该柔顺时，我太过好斗；而在应该拿出斗志的事情上，我却太过消极顺从。我已经许下承诺，势必要改正这些过错。

许多领导者和我一样面临类似的处境，像唐纳德·特朗普以及史蒂夫·乔布斯，但他们化逆境为动力，登上更高的巅峰。令人失望的际遇若非破坏力十足，就是会带来启发人心的体悟。你必须选一条路走。

别人怎么对待你
是他们的事；
你如何回应则是你的事。

——韦恩·戴尔（Wayne Dyer）

美国心理学大师、自我开发领域畅销书作家

4. 学会放下

人生中最困难的任务之一，就是告别自己热爱的事物。但正如肯尼·罗杰斯（Kenny Rogers）回到他的“赌徒”岁月时会说的话，你必须知道何时要盖牌，离开赌桌。人生旅程往往如四季更迭，你绝不会想穿着热带的衣服，站在大风雪中。你应该热爱你的工作，但不要一心一意爱上工作。你应该乐在工作，但不要沉迷于工作。

永远准备好在必要时放下，而且，永远准备好迎接下一个季节。

5. 允许自己悲伤

只要有改变，就会有所失。如果你的公司倒闭，或决定开除你，悲伤不只是必经的正当过程，而且有其必要。从战场回来的士兵之所以罹患创伤后压力症候群，原因之一便在于他们并未好好感受战场经历带来的悲伤。不要压抑你感受到的情绪，让情绪宣泄出来，但记得要以适当的方式宣泄。自从收到消息之后，我不知哭了多久。但是，我宁愿过度悲伤，久久才重新振作，也不愿意压抑悲伤，太快重新出发。

别忘了，悲伤的过程包含原谅。而你必须原谅你心中认定错待你的人，即使他们不认为自己做错了，或者并不要求你原谅。原谅辜负你的人，即使他们对你毫无歉意。

6. 放下火把

一旦受到伤害，你就会想要报复。有痛苦，就有愤怒；内心混乱不解，就有愤怒。倘若放任不管，愤怒终会成为破坏力最强大的情绪。因为一旦愤怒在心里坐大，便会开始发酵。而当愤怒开始发酵，就会酝酿出恨意与痛苦，相当于强酸，会毁灭储存这些情绪的“容器”。

你必须抗拒烧毁桥梁的冲动。放下火把，扔掉干草叉。人际关系非常重要，有些你以为再也不需要的关系，往往有一天会派上用场。重视惹你生气的人，就像你期望他们重视你一样。

到头来，人依然最重要。你抛下的人最重要，你认定伤害了你的人最重要，他们依然在服务的善心人士最重要。而当你明明成就了某件“好事”，感觉上却对你造成伤害，没有什么比这更能测试你是否真心相信自己的理念了。

每天早上，当我起床套上Sevenly的衣服时，内心便会升起一股自豪的感觉，而非痛苦。尽管我再也不是这家公司的总裁，但我永远是创始人，而且此时我依然是引以为傲的股东。Sevenly依然是家好公司，拥有卓越的人才、美好的使命与优良的产品，而且依然实现不可能的任务——捐出上百万美元，作为崇高的公益用途。

痛苦就像你喝下老鼠药，
然后等着老鼠死去。

——安妮·拉莫特（Anne Lamott）

美国小说家

我选择把焦点放在从Sevenly创立以来，直到我最后一天上班，所完成的种种成就。我选择重新振作、希望与正面积极的态度。因为Sevenly所拥抱的七大理念，在市场上依然可行，不论情况如何转变。

人依然比利润重要。

而且，他们永远都会最重要。

挑战：迈入下一步

我很自豪地说，从小至今阅读的书已经超过两百本。而就像你们许多人一样，我从头到尾读完的书只有一半。为了读完这本书的你们，为了相信这个运动的你们，还有为了准备好将知识化为实际转变的你们，我创作了一本简短却全面的研读指南。

这本工作手册将伴随你走过“重视人胜过利润”的旅程。在手册里，我提出困难的问题，帮助你建立对外策略，同时供你在企业内部实践这些策略。这本手册对团体、行政团队与创业者都大有用处。结合众人之力，我们将摆脱旧思维，学习重视诚实胜过欺骗、重视透明化胜过保密、重视真实本色胜过大肆宣传，还有，最终要重视人胜过利润。

建议登录以下网站，做进一步学习：PeopleOverProfit.com/Study-Guide.

注 释

前言 另一种光明正大的对抗力量

1. Bill Hardekopf, “Consumers Paid $32 Billion in Overdraft FeesIn 2012,” Forbes Online, April 2, 2013, http://www.forbes.com/sites/moneybuilder/2013/04/02/consumers-paid-32-billion-in-overdraft-fees-in-2012/.

2. Edelman/StrategyOne, “Goodpurpose Study, ExecutiveSummary”（New York: Edelman, 2012）, 2.

3. National Center for Charitable Statistics, “Quick Facts AboutNonprofits,” Urban Institute website, 2013, http://nccs.urban.org/statistics/quickfacts.cfm; Ibid., “Frequently

AskedQuestions," http://nccs.urban.org/faq/.

第1篇　我们陷入的循环

1. William Strauss and Neil Howe, The Fourth Turning (NewYork: Broadway Books, 1998).

2. Mark Twain, quoted in Strauss and Howe, The Fourth Turning, 11.

3. This Day in History, "May 1, 1926: Ford Factory Workers Get40-Hour Week," History Channel, http://www.history.com/ this-day-in-history/ford-factory-workers-get-40-hour-week.

4. "The 50 Worst Cars of All Time," Time, 2007, http://content.time.com/time/specials/2007/article/0,28804,1658545_1658498_1657866,00.html; Mark Dowie, "Pinto Madness," Mother Jones, September/October 1977, http://www.motherjones.com/politics/1977/09/pinto-madness?page=1.

第1章 诚实时期：深受价值打动

1. “Our 3 Basic Beliefs,” Walmart website, accessed August 5th,2014, http://ethics.walmartstores.com/StatementOfEthics/BasicBeliefs.aspx.

2. “Sam Walton Biography,” Biography.com, accessed August 5,2014, http://www.biography.com/people/sam-walton-9523270.

3. Owen Thomas, “Airbnb Could Soon Do $1 Billion a Year inRevenues,” Business Insider, January 24th, 2013, http://www.businessinsider.com/airbnb-billion-revenues-2013-1; CalebMelby, “Who Will Get Rich from Sky High Airbnb Valuation?” Forbes, October 19th, 2012, http://www.forbes.com/sites/calebmelby/2012/10/19/peter-thiel-may-invest-150-million-in-airbnb-at-2-5-billion-valuation/; Natalie Waterworth, “Company: Airbnb,” Talented Heads, June 14th, 2013, http://www.talentedheads.com/2013/06/14/company-review-airbnb/.

4. “America’ s Most-Hated Companies: The Very Bottom Line,” The Economist, December 20th, 2005, http://www.

economist.com/node/5323688; Douglas A. McIntyre and Michael BeSauter, "5 Most-Hated Companies in America," MSN Money,January 14, 2013, http://money.msn.com/top-stocks/c_galleryregular.aspx?cp-documentid=250409752.

第2章　效益时期：一心只想追求更多

1. http://www.tysonfoods.com/Our-Story/Heritage.aspx, accessedMarch 1, 2014.

2. Patrick Lencioni, "The Enemy of Innovation and Creativity," The Table Group (blog), October 2009, https://www.tablegroup.com/pat/povs/pov/?id=30.

3. Brent E. Riffel, "Tyson Foods, Inc.," The Encyclopediaof Arkansas History & Culture, last updated February 19,2014, http://www.encyclopediaofarkansas.net/encyclopedia/entrydetail.aspx?entryID=2101.

4. David Vinjamuri, Tyson Foods and Piglet Abuse: Is EthicalBehavior Profitable? Forbes, May 11, 2012, http://www.forbes.com/sites/davidvinjamuri/2012/05/11/tyson-foods-and-piglet-abuse-is-ethical-behavior-profitable/.

5. Tim Worstall, Of Course WalMart Destroys Retail Jobs: That' sThe Darn Point of It All, Forbes, March 31, 2013,http://www.forbes.com/sites/timworstall/2013/03/31/of-course-walmart-destroys-retail-jobs-thats-the-darn-pointof-it-all/.

6. Christopher Mims, "Google' s '20% Time,' Which BroughtYou Gmail and AdSense, Is Now as Good As Dead," Quartz,August 16, 2013, http://qz.com/115831/googles-20-time-which-brought-you-gmail-and-adsense-is-now-as-good-as-dead/.

7. Jim Collins, How the Mighty Fall: And Why Some CompaniesNever-Give In (New York: Collins Business Essentials, 2009).

第3章　欺骗时期：因贪婪而毁灭

1. Eliot Blair Smith, " 'Race to Bottom' at Moody' s S&P SecuredSubprime' s Boom, Bust," Bloomberg.com, September 25,2008, http://www.bloomberg.com/apps/news?pid=newsarchive&sid=ax3vfya_Vtdo; seealso Eliot Blair Smith, "BringingDown Wall Street As Ratings Let Loose Subprime

Scourge," Bloomberg.com, September 24, 2008, http://www.bloomberg.com/apps/news?pid=newsarchive&sid=ah839IWTLP9s.

2. Derek Thompson, "What' s Behind the Huge (and Growing)CEO-Worker Pay Gap?" The Atlantic, April 30, 2013, http://www.theatlantic.com/business/archive/2013/04/whats-behind-the-huge-and-growing-ceo-worker-pay-gap/275435/.

3. Jim Collins, How the Mighty Fall: And Why Some CompaniesNever Give In (New York: Collins Business Essentials, 2009),81.

4. Christina Romer, "Spurious Volatility in HistoricalUnemployment Data," Journal of Political Economy 94, no.1(1986): 1 - 37.

5. David M. Kennedy, Freedom From Fear (New York: OxfordUniversity Press, 1999), 366.

6. Cornelia J. Strawser, ed., and Mary Meghan Ryan, BusinessStatistics of the United States 2012: Patterns of

EconomicChange (Lanham, MD: Rowman & Littlefield 2012), xxvi.

7. Peter S. Goodman, "U.S. Unemployment Rate Hits 10.2%,Highest in 26 Years," New York Times, posted November6, 2009, http://www.nytimes.com/2009/11/07/business/economy/07jobs.html?_r=0.

第4章 忏悔时期：力行改革

1. Paul Farhi, "Behind Domino's Mea Culpa Ad Campaign," Washington Post, posted January 13, 2010, http://www.washingtonpost.com/wp-dyn/content/article/2010/01/12/AR2010011201696.html.

2. "About Domino's Pizza: History," Dominos Pizza website,accessed August 5, 2014, http://www.dominosbiz.com/Biz-Public-EN/Site+Content/Secondary/About+Dominos/History/.

3. Ibid.

4. "Domino's: Customers Told Us Our Pizza Was

Bad," Bloomberg TV (video), accessed August 5, 2014, http://www.bloomberg.com/video/dominos-customers-told-us-our-pizza-was-bad-4yJwqlBPROiEA2dEO67GSA.html.

5. "The Pizza Turnaround Documentary," Pizzaturnaround.com(video), accessed August 5, 2014, http://pizzaturnaround.com.

6. Stuart Elliott, " 'Bad' Pizza Is Subject of New Domino' s Spot," New York Times, August 27, 2010, http://mediadecoder.blogs.nytimes.com/2010/08/27/bad-pizza-is-subject-of-new-dominos-spot/?_php=true&_type=blogs&_r=0.

7. "Domino' s: Customers Told Us Our Pizza Was Bad," Bloomberg TV (video).

8. Kevin Krolicki, "GM Says It 'Disappointed' and 'Betrayed' Consumers," Reuters, December 8, 2008, http://www.reuters.com/article/2008/12/08/us-gm-ad-idUSTRE4B738W20081208.

9. Belinda Luscombe, "GM' s New Ad Campaign: Will It

Restartthe Engines?” Time, June 11, 2009, http://content.time.com/time/business/article/0,8599,1903780,00.html.

10. Steve Pendlebury, “Toyota Joins Apology Ad Parade with ‘Commitment’ Commercial,” AOL News, February 9, 2010,http://www.aolnews.com/2010/02/09/toyota-joins-apology-ad-parade-with-commitment/.

11. “American Airlines: The New American Is Arriving,” AmericanAirlines website, accessed August 5, 2014, http://www.aa.com/newamerican.

12. Jim Collins, How the Mighty Fall: And Why Some Companies Never Give In (New York: Collins Business Essentials, 2009).

第5章　人最重要

1. Lauren Drell, “6 Companies with Awesome Employee Perks,” Mashable, August 7, 2011, http://mashable.com/2011/08/07/startup-employee-perks/.

2. Stacy Conradt, “11 of the Best Customer Service

StoriesEver," last updated July 15, 2014, http://mentalfloss.com/article/30198/11-best-customer-service-stories-ever.

3. Ibid.

4. Apolis Global website, accessed August 5, 2014, http://www.apolisglobal.com/global-marketplace.

第6章　真相必胜

1. Tatiana Morales, "From 2004: 'Super Size Me,' " CBS News,May 6, 2004, http://www.cbsnews.com/news/from-2004-super-size-me/.

2. Alice Van Housen, "Here' s a Radical Idea—Tell the Truth!" Fast Company, August/September 1997, http://www.fastcompany.com/32566/heres-radical-idea-tell-truth.

3. Ibid.

4. Dodai Stewart, " 'Honest' Version of Coca Cola' s Anti-ObesityAd Is Actually a Scary Truth Bomb," Jezebel, January 17, 2013,http://jezebel.com/5976720/honest-version-

of-coca-colas-anti+obesity-ad-is-actually-a-scary-truth-bomb.

5. Better Business Bureau website, accessed August 5, 2014,http://memphis.bbb.org/article/its-to-everyones-benefit-to-promote-truthful-advertising-32606.

6. Sue Unerman and Jonathan Salem Baskin, Tell the Truth:Honesty Is Your Most Powerful Marketing Tool (Dallas:BenBella Books, 2012).

7. Martin Evans, "Honesty Test: Lack of Integrity Is Bad for theEconomy, Scientists Conclude," Telegraph, January 25, 2012,http://www.telegraph.co.uk/news/9038164/Honesty-test-lack-of-integrity-is-bad-for-the-economy-scientists-conclude.html.

第7章　透明化带来自由

1. Jeff Hayden, "Inside a Completely Transparent Company," Inc.,last updated April 22, 2013, http://www.inc.com/jeff-haden/inside-buffer-company-complete-transparency.html.

2. Ibid.

3. “Timberland Responsibility,” Timberland website, accessedAugust 5, 2014, http://responsibility.timberland.com/factories/?story=1.

4. John Hall, “10 Leaders Who Aren’ t Afraid to Be Transparent,” Forbes, August 27, 2012, http://www.forbes.com/sites/johnhall/2012/08/27/10-leaders-who-arent-afraid-to-be-transparent/.

5. Meg Whitman, “The Power of Transparent Communication,” Linkedin, April 23, 2013, http://www.linkedin.com/today/post/article/20130423170055-71744402-the-importance-of-transparent-communication.

6. Even government-classified secrets often stumble into thedaylight. Just ask Julian Assange or Edward Snowden.

第8章　忠于自我，将赢得人心

1. Alicia Clegg, “The Myth of Authenticity,”

BloombergBusinessweek, August 11, 2005, http://www.businessweek.com/stories/2005-08-11/the-myth-of-authenticity.

2. "Product & Company Information," Baileys website, accessed August 5, 2014, http://www.baileys.com/product-and-company-information/.

3. "Heritage Series. Handmade in Hope, Arkansas," Klipschwebsite, accessed August 5, 2014, http://www.klipsch.com/heritage-speakers.

4. Lydia Dishman, "No Bull*$@ Branding: How CompaniesUse Trash Talk, Honesty to Charm the Right Customers," Fast Company, February 12, 2014, http://www.fastcompany.com/3026282/how-to-be-a-success-at-everything/no-bull-branding-how-companies-use-trash-talk-to-charm-the.

5. Ibid.

6. "Klipsch," The Review Basket, accessed September 16, 2014,http://www.netedge.co.in/sbd.aspx?bid=9916fa6a-3ec2-

4fcc-ab40-56fe70cf5c50.

7. Simon Sinek, “People Seek Authenticity Even If They Can’ tEasily Define It,” Fleishman Hillard True, last updated August4, 2014, http://fleishmanhillard.com/2013/04/true/people-seek-authenticity-even-if-they-cant-easily-define-it/.

8. Ben Richardson, “Anthropologie: Small Business Branding Lessons from a Major Brand,” Content Equals Money (blog),May 21, 2013, https://contentequalsmoney.com/anthropologie-case-study/.

9. Sohrab Vossoughi, “How to Stand Out?Try Authenticity,” Bloomberg Businessweek, May 28, 2008, http://www.businessweek.com/stories/2008-05-28/how-to-stand-out-try-authenticitybusinessweek-businessnews-stock-market-and-financial-advice.

第9章　品质会说话

1. Taffy Brodesser-Akner, “The New American Dream,” SpiritMagazine, March 2014, 78.

2. “The Artisans,” 80.

3. Ibid.

4. Sohrab Vossoughi, “How to Stand Out?Try Authenticity,” Bloomberg Businessweek, May 28, 2008, http://www.businessweek.com/stories/2008-05-28/how-to-stand-out-try-authenticitybusinessweek-businessnews-stock-market-and-financial-advice.

5. Maura McCarthy, “The Case for Sharing Company Secrets,” Inc., February 6, 2012, http://www.inc.com/maura-mccarthy/give-your-customers-more-control.html.

6. Judith Aquino, “The 10 Most Successful Rebranding Campaigns Ever,” Business Insider, February 10, 2011, http://www.businessinsider.com/10-most-successful-rebranding-campaigns-2011-2?op=1#ixzz2iP3WMDcz.

第10章　慷慨付出必有回报

1. Jill Coody Smits, “The Long View,” Spirit Magazine,

March2014, 64.

2. Bruce Horovitz, “Millennials Spur Capitalism with aConscience,” USA Today, March 27, 2013, http://www.usatoday.com/story/money/business/2013/03/25/kindness-panera-bread-nordstrom-starbucks/1965183.

3. Adam Grant, Give and Take (New York: Penguin, 2013).

4. Stacy Conradt, “11 of the Best Customer Service Stories Ever,” Mentalfloss, updated July 15, 2014, http://mentalfloss.com/article/30198/11-best-customer-service-stories-ever.

5. Ibid.; also Mary Beth Quirk, “Zappos CSR’ s Kindness WarmsOur Cold Hearts,” Consumerist, January 17, 2011, http://consumerist.com/2011/01/17/zappos-customer-service-reps-kindness-warms-our-cold-hearts/.

6. Eddie Yoon, “The Generosity Strategies That Help CompaniesGrow,” Harvard Business Review Blog Network, May 2, 2013,http://blogs.hbr.org/2013/05/netflix-reported-another-great/.

7. Ibid.

8. Ibid.

第11章 勇气带来可持续经营

1. “Interface’s History,” Interface website, accessed August 5,2014, http://www.interfaceglobal.com/Company/History.aspx.

2. Elaine Woo, “Mogul Made His Firm Model Green Business,” LA Times, August 15, 2011, http://articles.latimes.com/2011/aug/15/local/la-me-ray-anderson-20110815.

3. Paul Vitello, “Ray Anderson, Businessman Turned Environmentalist, Dies at 77,” New York Times, August 10,2011, http://www.nytimes.com/2011/08/11/business/ray-anderson-a-carpet-innovator-dies-at-77.html?_r=0.

4. “Interface’s Values Are Our Guiding Principles,” Interface website, accessed August 5, 2014, http://www.interfaceglobal.com/Company/Mission-Vision.aspx.

5. “Our Progress,” Interface website, accessed August 5, 2014,http://www.interfaceglobal.com/Sustainability/Our-Progress.aspx.

6. “Interface’ s Values Are Our Guiding Principles,” Interface website, http://www.interfaceglobal.com/Company/Mission-Vision.aspx.

7. “Awards,” Interface website, accessed August 5, 2014, http://www.interfaceglobal.com/Newsroom/Awards.aspx.

8. “A Letter from Tim Cook on Maps,” Apple website, accessed August 5, 2014, https://www.apple.com/letter-from-tim-cook-on-maps/.

9. Susan Tardanico, “10 Traits of Courageous Leaders,” Forbes, January 15, 2013, http://www.forbes.com/sites/susantardanico/2013/01/15/10-traits-of-courageous-leaders/.

10. Rick Badie, “Ray Christie Anderson, 77: Was a Respected Manufacturing Environmentalist,” Atlanta Journal-Constitution, August 10, 2011, http://www.ajc.com/news/

news/local/ray-christie-anderson-77-was-a-respected-manufactu/nOKbD/.

11. Ibid.

第3篇 永远打破系统循环

1. James O' Toole, "J.C. Penney CEO' s Pay Slashed as Company Struggles," CNN Money, April 2, 2013, http://money.cnn.com/2013/04/02/news/companies/jc-penney-ceo-pay/.

2. Michael Hiltzik, "CEO-to-Worker Pay Gap Is Obscene;Want to Know How Obscene?" Los Angeles Times,October 20, 2013, http://www.latimes.com/business/la-fihiltzik-20131020,0,770122.column#axzz2yPzioeeU.

第12章 活出充满善意的好日子

1. Bureau of Labor Statistics, "Consumer Expenditure Survey," United States Department of Labor, accessed August 5, 2014,http://www.bls.gov/cex/.

2. Bruce Horovitz, “Millennials Spur Capitalism with a Conscience,” USA Today, March 27, 2013, http://www.usatoday.com/story/money/business/2013/03/25/kindness-panera-bread-nordstrom-starbucks/1965183/.

3. Ibid.

4. Paul Chaney, “Word of Mouth Still Most Trusted Resource SaysNielsen; Implications for Social Commerce,” Digital Intelligence Today, April 16, 2012, http://digital intelligence today.com/word-of-mouth-still-most-trusted-resource-says-nielsen-implications-for-social-commerce/.

5. Ed Keller, “Finally, Proof That Word of Mouth Isn’t Just ‘Nice to Have,’ But Drives Measurable ROI,” Market Share,December 2006, http://marketshare.com/insights/blog/302-finally-proof-that-word-of-mouth-isn-t-just-nice-to-have-but-drives-measurable-roi.

第13章　开创善意事业

1. Steve Strauss, “Ask an Expert: Top Trends in Small Business,” USA Today, October 14, 2013, http://www.

usatoday.com/story/money/columnist/strauss/2013/10/06/top-trends-in-small-business-steve-strauss/2931837/.

第14章　带头行善

1. Maya Albanese, “How She Leads: Hannah Jones of Nike,” GreenBiz, February 6, 2012, http://www.greenbiz.com/blog/2012/02/06/how-she-leads-hannah-jones-nike.

2. Ibid.